梦山

梦山书系

尊重的力量

一所学校的教育价值追求

张广利——等 编著

海峡出版发行集团 THE STRAITS PUBLISHING & DISTRIBUTING GROUP | 福建教育出版社

图书在版编目（CIP）数据

尊重的力量：一所学校的教育价值追求/张广利等编著．—福州：福建教育出版社，2020.8（2022.9 重印）
ISBN 978-7-5334-8823-9

Ⅰ.①尊…　Ⅱ.①张…　Ⅲ.①小学—师生关系　Ⅳ.①G625.6

中国版本图书馆 CIP 数据核字（2020）第 128830 号

Zunzhong De Liliang

尊重的力量

——一所学校的教育价值追求

张广利　等 编著

出版发行	福建教育出版社 （福州市梦山路 27 号　邮编：350025　网址：www.fep.com.cn 编辑部电话：0591-83726971　83727542 发行部电话：0591-83721876　87115073　010-62024258）
出 版 人	江金辉
印　　刷	福建省地质印刷厂 （福州市金山工业区　邮编：350011）
开　　本	710 毫米×1000 毫米　1/16
印　　张	15.25
字　　数	226 千字
插　　页	2
版　　次	2020 年 8 月第 1 版　2022 年 9 月第 3 次印刷
书　　号	ISBN 978-7-5334-8823-9
定　　价	39.00 元

目录

序言一　在普通的社区办不普通的教育 / 方中雄 …… 1
序言二　永远向着教育明亮的那方 / 张志勇 …… 5

写在前面的话　把学生放到教育改革的正中央
——让每一个孩子享受公平优质的教育 …… 1

第一辑　沟通与帮助的力量
爱接话的小明 …… 3
肥皂水泼了个“透心凉” …… 5
解忧杂货店 …… 9
见字如面，纸短情长 …… 14
心与心的沟通 …… 18
在指导与帮助中学会合作 …… 22
我愿与你成为朋友 …… 25
走进内心，鼓励帮助 …… 28
向冷暴力语言说不 …… 31

第二辑　引导与激励的力量
文化，在仪式中传承 …… 37
一节特殊的聊天课 …… 40
不进班的孩子进班了 …… 44

神奇的教室 …… 47
站在合影最中间的孩子 …… 50
欣欣不再哭了 …… 53
这个字你写得很认真 …… 57
鼓励孩子大胆质疑 …… 61
课堂上的口哨声 …… 64
尊重包容，和谐相处 …… 67
爱散打的姑娘 …… 71

第三辑　尊重需求与兴趣的力量
让学生爱上阅读 …… 77
从“心语”到“微写作” …… 81
实验探究激发学习动机 …… 84
英语阅读的力量 …… 87
跟着二十四节气去旅行 …… 91
到中国科技馆去上课 …… 94
创造学生喜欢的课堂 …… 99
做自己的“王者” …… 102
我们一起来悦读 …… 105
让数学走进孩子们心中 …… 109

第四辑　爱与等待的力量
大虎“变形记” …… 115
从“望子成龙”到“望子成人” …… 119
家访改变了小杰 …… 122
孩子不急，我们慢慢来 …… 125
张弛陪我改作业 …… 128
教育，应该是体贴的呵护 …… 131
课代表上课睡觉了 …… 135

不想当课代表的学生 …… 138
遇见"哮喘"的考生 …… 142
藏在心底的那道光 …… 146

第五辑　平等与宽容的力量
在地上睡觉的小小 …… 153
你的改变是我的骄傲 …… 156
课堂上手机响了 …… 159
面对抄作业的学生 …… 163
"老师，您这不是难为我吗?" …… 166
在尊重中把控情绪 …… 169
面对课堂上的淘气包 …… 172
在学生心田种下遵守规则的种子 …… 175
用生命影响生命 …… 179

第六辑　发展与自信的力量
画出独特的自己 …… 185
时事辩论助力成长 …… 189
从"关注短板"到"发现优势" …… 193
从"飘红"到"待通过" …… 196
小丁的贴画 …… 199
肯定与鼓励是最好的尊重 …… 202
在鼓励与帮助中完成逾越 …… 205
"诸葛币"诞生记 …… 208
教育在仪式中发生 …… 213

主要参考文献 …… 216
后记　走在尊重教育的路上 / 张广利 …… 217

序言一

在普通的社区办不普通的教育

为支持北京市义务教育优质均衡发展，办好人民满意的教育，北京教育科学研究院在面向全市全面加强政策咨询服务、学校发展研究、教育教学指导的同时，自 2013 年起，响应市政府的号召，有针对性地与部分区政府合作举办了一批实验学校。这些实验学校多为办学基础比较薄弱、发展面临特殊困难的学校，或者是“先天不足”的新建小规模学校。能否办好这类学校，是实现“办好每一所学校、教好每一个学生”的难点所在，也是考察一个区域是否真正办好人民满意的教育、实现教育公平的重要标志。我们提出了“在普通的社区办不普通的教育”的口号，依靠务本求实的教育科研，与学校共同确立办学纲领，启动学校优质加速发展计划(SAP)，研发 ASK 课程，引进教改项目，开展教学指导、诊断、分析工作，搭建合作平台，激发出了学校师生的活力和潜力，促进了学校的快速良性发展，在短短几年中实现了办学“逆袭”。在合作探索的过程中，创造了在普通办学基础、普通资源投入的中小学校中依托教育科研实现高质量、高速度发展的“两普—双高”模式。北京教科院丰台学校的办学实践就是“两普—双高”模式的生动案例之一。

北京教科院丰台学校是丰台区南苑棚户区改造项目配套的九年一贯制公办学校。2014 年 4 月 24 日北京教科院与丰台区政府签订协议合作创办该校，2015 年 9 月学校正式借址开学，2016 年 3 月 15 日正式搬入移交的新校区——阳光星苑校区办学。区教委公开招聘了山东省首批“齐鲁名校长”张广利来担任这所新建校的校长。

几年来，在张广利校长的带领下，北京教科院丰台学校边顶层设计边筹建，边招聘教师边培训，边争取项目边改造，边制定制度边落实，边开发课程边实施，各方面工作紧张有序地开展。学校先后克服了借址办学、大雨受灾、改造施工、编制紧张、生源基础相对薄弱和家长期望值过高等重重困难，坚强地发展壮大，并实现了快速发展。

学校创办之初，在对学生、家长和所在社区各方面情况进行调研诊断，全体教师充分讨论、研究的基础上，确定了“尊重教育”的办学理念和培养“尊道敬学、立己达人”阳光少年的育人目标，完成了“尊重教育的价值体系设计”及《学校章程》和《五年发展规划》的制定，建立了“三位一体”的学校内部治理结构，按照“尊重自己、尊重他人、尊重社会、尊重自然”四个向度设计了由“基础型课程、拓展型课程和个性化课程”构成的尊重教育课程体系。力求通过尊重教育课程的实施，尊重每一个孩子，激发每一个孩子的潜能，使每一个孩子成为最好的自己。

学校以北京教科院支持的 ASK 课程实验、北京市中小学优秀班主任成长工作室、小学英语名师工作站、“学思维课程推广学校”等项目为依托，借助北京教科院的教研员年度全科到校教学视导，聚焦每一个学生发展的实际获得，落实“立德树人”根本任务，整体推进尊重教育三大课程板块的实施。开发并实施了“四向度三层次”九年一贯的德育一体化课程——尊重进阶课程。按照“低起点、低难度、缓坡度、小步子、不停步”的教学实施策略，构建了以“少教多学、问题导学、自主思学、互帮互学”为主要特征的以“学”为中心的尊重课堂。按照“过程、多元、发展”的理念，先后实施了学业成绩等级评价、多元评价、过程性的鼓励评价、展示评价、进步评价、延迟性评价和中小学综合素质评价等改革，促进了学生全面而有个性的发展，实现了低切入、高质量的发展目标。

学校的教育教学质量稳步提升，在社会上逐步树立起了良好的办学形象。2018 年以来连续两年获得丰台区教学绩效评价优质校称号。在学校对家长和学生的无记名问卷调查中，中小学家长的满意和比较满意合计达 100%，中学学生喜欢和比较喜欢学校的为 100%。学校先后荣获北京中小学文明校园、北京市首批义务教育学校管理标准达标学校、北京市优秀班主任研究室基地校、北京市语言文化联盟基地校、丰台区优秀基层党组织、丰台区国际合作与交流基地校、丰台区平安校园、丰台区落实《体育工作条例》优秀学校等荣誉称号。2019 年 11 月，在北京市教科研支持中小学发展工作会议上，张广利校长作了题为《坚持学生本位，在普通社区实现办学突围》的典型发言，向全市教科研支持发展的中小学介绍了学校的办学经验。近三年，前来学校交流、挂职、参观的全国各省市的中小学校长和骨干教师已有 500 多人。可以说，北京教科院丰台学校已成长为丰台区的一所优质教育学校，初步实现了“在普通的社区办不普通的教育”的目标。

支撑学校快速发展、持续发展的关键是教师队伍的整体素质。北京教科院丰台学校的教师队伍规模不大，大多数教师的从教时间很短，如何让这样一支队伍能够高起点、高速度持续发展，是关系到学校发展的根本问题。学校坚持一切从问题出发，坚持学生本位，把学生放到学校教育改革的正中央，开展了尊重教育理念下的一系列校本行动研究。鼓励教师落实尊重教育理念，开展教育叙事和案例研究，是该校探索学校治理、提升教师专业素质的一个亮点。学校把年青教师坚持教育叙事和案例研究作为落实立德树人教育价值观、促进教师反思、提升专业水平的重大措施来抓，实实在在地收获了育人的成果。当拿到张广利校长给我的《尊重的力量——一所学校的教育价值追求》这本书稿，看到老师们写的这些真实生动的故事和案例时，确实给了我惊喜，内心受到了触动。如“爱接话的小明”“解忧杂货店”“见字如面，纸短情长”“一节特殊的聊天课”“站在合影最中间的孩子”“这个字你写得很认真”“让学生爱上阅读”“创造学生喜欢的课堂”“做自己的‘王者’”“ 用生命影响生命 ”“教育在仪式中发生”，等等，描写孩子们成长的点点滴滴，读后使人感动，让我看到了老师们的专业思考与真实行动，看到了他们互帮互助、执着研究的可贵精神，让我看到了有温度的教育，看到了爱的传递与师生的共同成长。

通过鼓励教师开展叙事和案例研究等一系列措施，目前，北京教科院丰台学校已经初步建成年富力强、充满活力、甘于奉献、具有较好专业素养、受到学生欢迎的教师团队，拥有了市、区、校三级 16 名骨干教师。教师队伍的成长是学校可持续发展的最可靠的根基，昭示着学校更加美好的明天。

教育的探索永无止境，老师们的教育叙事和案例研究也需要随着时代的进步、经验的积累和认识的深化而不断拓展、提升。期待北京教科院丰台学校的老师们，持续做好尊重教育理念下的课程改革与行动研究，用不断增长的教育智慧与才干，更好地呵护、引导和帮助每一个学生的健康成长。

北京教育科学研究院院长　方中雄

2020年3月20日

序言二

永远向着教育明亮的那方

我和广利校长相识于山东，那时他在胜利油田第四中学做校长。因为都是桃花源中人，交往日深，无话不谈，引为知己。

广利校长的成长颇有一点传奇色彩。他刚到胜利油田四中参加工作时，正赶上胜利油田轰轰烈烈的大会战，特殊的环境和政策让这个学校名师荟萃，老师有的毕业于清华，有的毕业于北大，还有黄埔军校的毕业生。墙内开花墙外香。当年，胜利油田建设海港，到中国海洋大学招聘专家，海洋大学回复他们："找什么专家？你们那里就有一个专家，在胜利油田四中当地理老师。"在这所名师云集的学校，广利虚心向老教师学习，凭着自己强烈的事业心与责任感和"不怕困难、勇于挑战，勤奋好学、拼搏奉献，团结合作、积极进取，乐于研究、不断改革"的工作精神脱颖而出，从教师、班主任、中层主任、副校长，直到31岁成为这所学校的校长兼党支部书记，在这所学校留下了一段青年才俊脱颖而出的佳话。

从那时算起，广利做校长已有24年，可以说是一位学者型的"老"校长了。他之所以能够声名鹊起，离不开"做科研"和"办名校"这两个法宝，如今他办出了3所名校，可谓成果丰硕。尤其是2000年，他合并了胜利油田的4所学校，建立了胜利油田第一所寄宿制初中，2010年1月，他在担任东营市胜利第四中学校长兼党总支书记的同时，又到75公里外的东营市胜利第六十二中兼任了校长和党总支书记，成为东营市唯一一位两个学校的法人代表。鉴于业绩卓著，2011年6月组织任命他到东营市育才学校任校长兼党总支书记，3年后成立了东营市育才教育集团，并当选中国教育学会初中专业委员会副理事长。

广利校长深知，自己并不比别人聪明，只有多努力。在专业成长的路上，他一直虚心向校内外、市内外、省内外和全国的名师学习，并不敢停歇。2005 年，他获得了教育硕士学位，为走科研兴校之路打下了很好的基础。无论走到哪里，他都能在那里的土壤里种下改革的花，结出丰收的果儿。在胜利油田四中，他的分层递进教学改革产生了很好的影响；在东营市胜利四中，他的“自主课堂”改革蜚声全国；在东营市育才学校，他的“差异教育”广受好评，并在省内外产生了广泛影响，中国教育学会初中专业委员会第 17 届学术年会暨全国初中教育改革创新成果博览会就是在东营市育才学校召开的。至今，他已出版了《理想　理念　理性》《我们怎样教育孩子》《学校教育生活的重建》《好父母不可不知的育儿心理学》《孩子心目中的理想父母》《自主学习型高效课堂建设研究与实践》《教育是明天》《校本课程开发的实践与思考》《办学生喜欢的学校——差异教育的校本行动研究》《探寻自主课堂的奥秘》等 11 本著作，并先后荣获胜利油田专业技术拔尖人才、东营市先进工作者（劳模）、山东省优秀教育管理工作者、山东省首批“齐鲁名校长”、“全国基础教育改革（初中）创新校长”、“第七届全国十佳初中校长”等荣誉称号。由山东省教育基金会资助，山东教育学会教育管理研究专业委员会组织编写，由季俊昌和蒋世民合著的《尊重每一个孩子的发展权——齐鲁名校长张广利的“知”与“行”》于 2015 年 2 月由福建教育出版社出版发行，并在山东省推广，书中系统介绍了广利校长的教育观、学生观、教师观、课程观、教学观、管理观、评价观和家教观。我常常说，一个人要想扼着命运的咽喉，就必须抓住时间的缰绳。广利校长的时间从哪里来的？他说：“我每一天夜里 12 点前没有睡过觉”，“大年初一拜年后在办公室里写点东西真好，那个时候没有任何人来打扰”。

广利校长从齐鲁大地来到京畿之地任校长，在总结自己办学实践的基础上，结合北京丰台南苑地区的生源实际，提出了尊重教育的办学理念，创办了北京教科院丰台学校，搞基建、要项目、做监工，做规划、建制度、聘老师、组队伍、招新生、搞研究、推改革、提质量，从文字到工程，文武并用，夙夜在公，四年多时间，在普通社区建成一所区域优质学校。2019 年 10 月，德国访学归来，《现代教育报》整版刊登了他的访学思考。2019 年 11 月，在北京市教科研支持中小学发展工作会议上，他作了题为《坚持学生本位，在普通社区实现办学突围》的典型发言。北京教科院丰台学校先后获得丰台区国际合作与交流基地校、丰台区优质中考奖、初中教学绩效评价优质学校、教育系统优秀基层党组织、丰台区平安校园、丰台区落实中小学《体育工作条例》优秀校等荣誉，荣获北京市中小学文明校园、北京市首批义务教育学校管理标准达标学校、北京市优秀班主任研究室基地校、北京市语言文化联盟基地校等称号。这些成绩的取得，凝聚着全校同仁的智慧。

筚路蓝缕，以启山林。呈现在大家面前的《尊重的力量——一所学校的教育价值追求》这本书稿，是广利校长创办北京教科院丰台学校的智慧耕耘和思想探索之旅的结晶。当广利校长邀我作序时，我欣然允之。

打开书稿时，我内心的情愫被书中这些真实的故事触动了。上课手机响了，课代表睡着了，学生不想进校门了，写字难看了，上课爱接话了，考核不合格了……这些问题，几乎都是学校里天天发生的事儿。问题提出来了，用什么方法解决就有了悬念。可喜的是，北京教科院丰台学校的老师们践行尊重教育的理念，把这些问题当作课题，作为探究儿童成长秘密的机遇，打开儿童心灵之门的钥匙，在孩子发展的指向上完成了蜕变和跨越，实现了北京教科院方中雄院长提出的“在普通的社区办不普通的教育”的目标。

顾明远先生说过，教育发生在细微处，学生成长在活动中。在北京教科院丰台学校，提倡把学生放在教育改革的正中央，尊重学生发展的主体地位，让每个学生享受适合的教育，这些观念无一不体现在每个学生的成长、每一个教育的细节中。张莉莉老师用自己善于发现的眼睛，从学生书写潦草的作业中找到一个写得好的字开始肯定、鼓励、引导、陪伴孩子成长，深深地打动了我；哭闹不愿意上学的新生，在张伟玲老师的鼓励与陪伴下，他每天高高兴兴地上学了；“乖乖女”莹在实验课上把一盆肥皂水泼到了甜甜的头上，班上有报告老师的，有起哄喊叫的，一场乱象，穆晓超老师直面问题，分析研究，通过师生沟通、主题班会和家校有效合作，问题迎刃而解；王眈老师的案例让我看到了学校老师的思想境界与爱心所在；张楠老师的班会叙事让我看到了教育的循循善诱；申雪老师“见字如面，纸短情长”系列活动设计让我看到了她的教育智慧；崔彦梅、裴凤梅和李爽老师的课程拓展让我看到了老师们的课程意识和课改的生动实践；杨超老师的故事让我看到了一位出色的体育与健康教师的育人情怀。

这是一所能够走进学生和家长内心，让学生和家长喜欢的学校。在实施尊重教育的过程中，老师们面对诸多棘手的教育难题，没有简单地硬碰硬，而是从尊重孩子主体地位、尊重孩子学习需求、尊重孩子个性差异、尊重孩子成长规律入手，运用现代教育理论，开启智慧，寻找办法，解决问题。这所学校的教师，多数是具有硕士研究生学历的青年教师，经过了专家的指导，他们像一个个中医高手，八纲辨证，扶正祛邪，软坚散结，辨证施治，培育出了温文尔雅的阳光学子。我走访这所学校的时候，一股浓浓的儒雅之风扑面而来，学生文明得可爱，教师身上散发着清新可人的书卷气。校园里没有一片废纸屑，没有一个学生说脏话，没有哪个教师办公室丢失过一件物品，办公楼走廊里文化气息浓厚，墙壁上悬挂着学生的作品，学生可以随手摘下墙壁上的魔方把玩，也可以在围棋、象棋桌前对弈厮杀，露台一角有高倍望远镜可以瞭望星空，一楼大厅有钢琴等待学生弹起。

《尊重的力量——一所学校的教育价值追求》这本书，用老师讲述故事、校长点评的写作体例，这本身就是一种创新。在书稿写作的过程中，广利校长和老师们反复切磋，因为职位不同、角度不同、经历不同，展现了更多的视角，能够给读者带来更多的思考。

想到广利校长夜以继日地连轴转，我问他累吗？他质朴地说：“研究教育有意思。”从做集团教育的大校长举重若轻，到现在事无巨细的举轻若重，在他心里，大学校小学校都是育人。如今，广利校长已届知天命之年，他现在想得更多的是让年轻教师成长得更快一些，培养更多的名师和管理人才。他曾激情豪迈地说过：“北京教科院丰台学校是一个展现教育情怀的高地，是未来产生名师、教育专家和教育家的地方”。

庚子新春，举国“抗疫”。国士一马当先，志士负重前行。我辈倾心教育，为党育人，为国育才，死而后已！

永远向着教育明亮的那方！我从内心里为从齐鲁大地走出的教育人拥有这样崇高的教育情怀而自豪！

是为序。

张志勇

2020 年 3 月 10 日于北京

把学生放到教育改革的正中央

——让每一个孩子享受公平优质的教育

教育的真正意义在于尊重差异、激发动力、开发潜能、促进发展、实现价值，在于培养人的自主、自信的主体精神，激发自我发展的内在动力，让人的整个生命系统充满生机与活力，焕发出蓬勃的创造力，并使每个人实现全面而和谐、自由而充分、独特而创造的发展。北京教科院丰台学校自2015年办学以来，认真贯彻党的教育方针，紧紧围绕“立德树人”教育根本任务，坚持学生本位和问题导向，践行尊重教育理念，始终把学生放到教育改革的正中央，实施了一系列校本行动研究和课程与教学改革，让学生公平地接受优质教育，助推其实现全面而有个性的发展。

故事一：“拯救学困生”行动

2015年6月，我校招收了第一批150名中小学起始年级学生。为落实教育公平理念，实现公平均衡编班和有针对性地开展教育教学工作，我们对入校的初一年级学生的语文、数学、英语进行了统一测查，测查试卷是参考本区小学六年级的毕业测试，考虑到我校学生差异较大的实际基础，又对试卷进行了修改，并降低了测查的难度，主要以测查学生小学的“双基”为主。结果，语文、数学、英语平均成绩分别为44.6分、53.6分和68.5分，语文、数学、英语的最低成绩分别为15分、11分和21分，初一年级61名新生中，总评在50分以下的学生就有18人。于是，我们开始对61名学生各学科的学习难点进行了详细的调研。调研显示，有些不该是难点的知识，却因为学生的生活经验欠缺，形成了难点。不同家庭里走出来的孩子，生活经验差异较大，教师用同样的教学资源、同样的教学要求和同样的教学速度上课的话，就很可能无法适应所有学生的认知基础，更无法满足所有学生的认知需求，这可能是形成难点的重要原因。

它让我们思考：在一个校园里，当我们把众多学生均衡分班以后，只是实现了“教育机会”的公平，而不是“学生成长”的公平。真正的教育公平，还需要研究和尊重学生的原有基础、成长背景和个性特点，并基于学生进行课程的再造，使他们在自己认知基础上学习，在遵循自己兴趣爱好基础上学习，在这样的学习中去体验成功、增强自信，才能更好地促进其自信的成长。

于是，我们开始了学科课程的二度开发，寻找每个学生的难点，研究难点背后的成因，并力求找到解决的有效路径和策略。就这样，我们开始开发了小学一年级和新初一的衔接课程——引桥课程，实施国家课程的校本化和生本化改造，并建立学生学习共同体。这样，引桥课程、课程整合、拓展型和个性化课程开发、综合社会实践和开放性科学实践课程、小组互助学习、梯式分层练习、选课走班、个性化辅导、多元化评价等等就成了我校课程二度开发与实施的重要载体和举措。

从尊重学生的实际认知基础和兴趣爱好出发，通过提供适合学生实际基础和兴趣爱好的课程学习，激发学生的学习欲望，使其体验学习进步的愉悦，增强其学习与发展的自信，推动了每一个学生实现全面而有个性的发展。

故事二：同课异构的差异

教研活动的方式有很多种，我们常常用同课异构课，来分析教师个性化教学带来的差异。一次数学研讨，教研组设计了五个题目作为习题讲评课的内容。汪老师把五个习题分作不同的等级，把学生分为四人一组，每个小组包括不同层次的学生，各小组学生自主做题，展示做题过程，生生间互动交流，教师只是点拨，从低等级的习题向高等级上升，基础好的学生跨越的等级多，基础薄弱的学生在课上也有所获。而另一位老师则是从开始讲起，一直讲到下课。两节课上完，我们进行了当堂达标测试。汪老师的课优秀率达到50%以上，另一位老师的只有35%；及格率也相差11个百分点。同样的内容，何以产生这么大的差异？调研学生，学生的回答几乎一致：我们的基础不同，老师讲只能对着一部分学生，我们更喜欢小组内的互相讲评，然后老师再给我们讲解，那样更容易听懂。

它让我们思考：在一个校园里，教育公平首先应该体现在课堂上。教育是一个过程，机会的公平也应该贯穿于教育教学的全过程。学生的学习基础不同、经历不同，教师一个人的讲解无法适应每一个学生的认知基础和个性特点，更无法满足每个学生的不同学习需求，课堂上要实现教学的公平，就应该先从落实“学生的学”开始。

于是，我们开始探索从“分班而教”到“分班而教”“选班而学”相结合，对学生进行分类指导，并大力推动以“学”为中心的尊重课堂改革，由教师“讲”为主走向学生“学”为主，教师的讲堂变成了学生的学堂。我校“问题导学、少教多学、自主思学、合作互学”为特征的以“学”为中心的尊重课堂范式逐渐诞生，各学科教师依据国家课程标准和学校课堂改革要求，结合学科特点和自己的教学风格，针对不同的教学内容和不同的课型，研制出具有学科特点的不同流程并积极践行与不断改进，为学生更好的学习营造氛围、搭建平台、精心指导、创造条件。与此同时，我们结合新建校的实际，在课堂改革方面，认真落实“传帮带”措施，聚焦教师课程实施能力的提升，坚持开展每学期常态课的自我反思、“一人一课”主题式教研、达标展示和研讨交流等活动，对每年新招聘的教师进行分类指导。这些课堂改革的措施落实得好的老师，课堂教学质量也很高。适合的教学方式，才有学生主动、自主的健康成长。

故事三：两个学生的巨变

我校刚招生时，初一有一个学生A，当时语文、数学、英语入学测试的成绩分别是15分、12分和34分，平均分刚到20分。后来，学校陈旭老师开设了一门地理拓展课程——环球旅游课程，他非常喜欢，由此产生了浓厚的兴趣，期末统测，他的地理学科成绩竟然达到了优等80多分，老师和同学们都很惊讶和佩服，认为他是一个与众不同的人。在这门学科的影响下，他渐渐地从小学学习时的自卑心理中走了出来，并找到了学习的自信。之后，他的生物学科成绩也在班里名列前茅，让人惊叹。他的家长看到了孩子发展的希望，也开始配合教师的教育，积极为孩子在家学习创造良好的环境，慢慢地，他的语文、数学、英语成绩也实现了不同程度的提高。2018 年中考他的语、数、英分别考了 76 分、46 分和 71 分，三科平均分超过 64 分，总分考了 418 分，超过了全区中考合格标准。不仅如此，他阳光、乐于助人、尊敬老师、团结同学，充满了自我发展的自信。

还有一个学生 B，学习成绩要比学生 A 好一点，语文、数学、英语入学测试成绩刚及格，他性格外向，跟同学喜欢开玩笑，热情善谈，思想活跃，接受能力强，对事往往有自己的看法与主见，但他自觉性、自律性差，上课坐不住，经常分心，不好好听课，很少交作业，老师也难以管教。通过了解，老师得知他喜欢表演，小学时还有多次影视剧镜头拍摄的经历。针对这一情况，为更好地发挥其特长，学校与家长协商，为他定制了上课的时间和课程表，有时外出参与拍摄，就给他开绿灯，返校后老师们再给他补课。学生 B 听到这一消息，高兴极了，在学校他还选修了喜欢的舞蹈、经典阅读、演讲与口才等课程，双休日和寒暑假时间，在校外也选修了武术、街舞、声乐、表演等课程，他参与电视剧或电影拍摄，学校也作为他的综合社会实践课程学习予以认可，并对他的表现给予了表扬和鼓励，还将他拍摄电视剧或电影的照片挂到教学楼的走廊里进行了展示。这样一来，学生 B 的积极性就更高了，尽管他参与拍摄经常请假，耽误上课，但他的学习似乎并没有受到多大影响，学业成绩还有了一定程度的提升。几年下来，他已参与了《小熊的夏天》《大爱回家》《雏鹰》《大话西游之成长的烦恼》《博士还乡》《一夜危机》等 6 部电影和电视剧《艳骨》《客家人》的拍摄，成了小有名气的少年演员；他还经常应邀与著名演员参加在京举行的全国或国际性的各种晚会，也不时上台参与一些节目的主持。

它让我们思考：在一个校园里，践行尊重教育的理念，就不能以学生实际的认知基础去评价学生，给他过早地下定论。在教育教学中，我们必须尊重学生的实际认知基础和个性发展需求，要以多元的视角和发展的眼光去看待每一个学生的发展，要看到学生有着无限的发展可能。尊重每一个学生的个性差异，因材施教，因势利导，不断开发其潜能，使其成为他自己，成为个性突出、优势明显的人，这应该是我们教育改革的核心。

于是，我们通过调研学生的兴趣和爱好，不断给孩子们搭建丰富多元的成长平台，开设了航海模型、STEM课程、北斗起航、种植、水仙雕刻、拉丁舞、合唱、二胡、篮球、羽毛球、书法、超轻粘土、日语、英文戏剧、京剧等选修课程；还成立了红十字、播音与主持、跆拳道、科技、素描、音乐之声等15个学生社团；并结合综合社会实践活动和开放性科学实践活动课程的开设，组织学生去天安门升旗，到抗日纪念馆、首都博物馆、故宫、天坛、科研院所等参观学习或开展研究性学习活动；每学期学生在校外课程资源基地选修肥皂制作、食品安全检测、雷达机器人、火车运动装置、激光应用、消防安全救护等60多门开放性科学实践课程的学习。丰富的课程资源和社团活动的开展满足了每个学生的多样化发展需求，而与之配套的学生综合素质评价又使得选修课和社团能够常态地开展和运行。是的，给学生适合的发展空间，学生就会给我们无限惊喜。

故事四：首届艺术节带来的思考

首届校园艺术节开始了。舞台上，那些经过层层筛选的学生或载歌载舞，或配乐朗诵，或弹说表演，可以说大放异彩。舞台下，有的学生在观看表演，有的学生则对表演漠不关心。小雯是一个热爱表演的孩子，但她在选拔中被淘汰了，因此，她在艺术节的观众席上表现得分外沮丧。小雯的妈妈是学校的家委会成员，也应邀参加了艺术节的活动。当她看到小雯的状态时，就找到孩子的班主任问道：艺术节不应当是每个孩子的才艺表演吗？为什么只有那些被选拔出来的孩子才有机会走上舞台呢？

它让我们思考：在一个校园里，尊重学生不仅意味着提供条件，实现学业发展机会的均等，更意味着尊重学生参与活动的权利，为学生创造平等参与各种活动的机会，以帮助其实现能力的锻造和素质的提升。

于是，我们建立机制尊重和保障每一个学生参与活动的权利：梳理一个学年所有的学生活动，把活动整合并纳入了实践活动课程，同时，在举行类似艺术节、体育节、新年联欢会等活动时，我们采取了以班为单位，人人参与的方式进行，最大限度地为每一个学生提供展示的机会。为了尊重每个学生的个性发展，对实践活动课程也进行了系统化和个性化的设计，学生自主选择参加，这样为每一个自主参加的学生提供了公平的参与机会。我校还规定，学生在校必须参加一定数量的综合社会实践活动和开放性科学实践活动的课程学习，获得学分，方能毕业。当活动走向课程时，保障了每个学生参与活动的权利。

适合的实践活动课程，促进了学生综合素质和能力的全面提升。

这样的故事还有许多许多……

在故事中，学校的“尊重教育”体系诞生，“尊重教育”就是尊重学生人格、尊重学生成长背景、尊重学生实际基础、尊重学生个性差异、尊重学生学习与发展权利、尊重学生身心发展规律的教育，就是努力为每个学生提供适合发展的教育。

故事之所以能在我们这样一所新建立的学校发生，是因为北京教育改革理念“把孩子的成长放在教育改革正中央”的引领，是因为丰台区合作办学机制带来的北京教科院专家的专业指导，是因为全校上下充满了教育情怀、家国情怀、孩子情怀和为党育人、为国育才及为实现中华民族伟大复兴而履职奉献的正能量。正是这样的环境和土壤，这样的站位与胸怀，为我校践行尊重教育理念，不断进行课程改革与创新的探索提供了坚强的保障。能在这样一种氛围下做教育，能和这样一支年轻有活力的教师团队共事，一起研究，共同成长，我倍感幸福与自豪。

张广利

2020 年 3 月 6 日于北京

第一辑　沟通与帮助的力量

爱接话的小明

我新接手四年级的时候，班里有个孩子叫小明。这个孩子不是很淘气，但自我管理能力差，老师讲课时他就在下面玩一些小东西，最突出的特点就是总爱接话。有时老师讲课他就在下面随意接话，影响课堂秩序，老师批评他，他也不在意。当时我刚接班，不是特别了解他的脾气秉性，但过了一段时间，通过和他的接触，有了一些了解。这个孩子虽然不淘气，但对学习、对自己管理上总是一副吊儿郎当的样子，我就琢磨怎样才能让他既能管理好自己，又能认真听课爱上学习呢？我想，不如给他个小“官”儿来做，看看他能不能有所改变。于是，我就本着试一试的想法，让他做了临时小班长。

小明做了临时小班长，一到上课间操的时候，我就让他出来组织大家站队，放学也让他带队。小明挺乐意，也很上心。可是由于缺少管理经验，而且他自己的那些坏习惯还没有改掉，所以同学们根本就不听他的，他也很着急。我就借机告诉他，要想让别人听你指挥，你必须先管理好自己，给别人做出榜样，别人才会向你学，才会尊重你，你自己都做不好，那别人也向你学不好的一面，你还怎么去管他们呢？他把我说的话真的听进去了。

从此以后，小明真的在不断地改变自己。上课刚要不想听课，我就提醒他一下或者看他一眼，他领会了老师的意思就极力地克制自己。大约有半个多月的时间，他改变了上课爱接话茬和一副吊儿郎当的样子，明显地对老师也知道尊敬了，学习成绩在不断攀升，原来刚合格，最多就是良好，现在学业成绩都能达到优秀等级了。他的性格也变得开朗了许多，也知道帮助其他同学和为班级做些力所能及的事了，在别的同学表现出不良行为时，他不但及时去提醒，而且还很耐心地告诉他们怎样做，与我刚接班时的他相比，好像完全变了一个人似的。

看到小明的变化，我也有了一点成就感。在班上我时常鼓励他，课下有时也找他谈话，询问一下他的情况，并教给他一些如何管理好自己与他人的方法，他很虚心地学习。他的转变在班里的影响也很大，大家都看到了他的变化，很多同学以他为榜样，向他学习，也非常配合他在班里的工作。这使他越发的积极向上了，学习劲头更足了，自觉性更强了。后来他妈妈见到我时说，小明现在对学习特别上心，回家也知道学习了，还对妈妈说他得好好学，得给同学们做好榜样，妈妈说他每天回家心情特别好。听到小明妈妈这番话，我的心里也是特别高兴。帮小明树立起自信心，让他爱上学习，同时又懂得帮助别人，真的让我特别欣慰和开心。

（张伟玲　撰写）

【校长点评】

教师的人格力量是一种无穷的榜样力量，教师的爱与尊重是教育成功的巨大推动力，正如著名特级教师霍懋征所言："没有爱就没有教育。"爱默生也曾说："教育的秘密在于尊重学生。"老师的爱与尊重就是照亮学生心灵窗户的那一盏盏烛光和明灯，一定会引领着学生走向光明的未来。

《爱接话的小明》这则故事中，张伟玲老师在对小明观察了解的基础上，针对他"爱接话，不听课"这一问题，认真研究孩子的心理，满足小明求关注的心理需要，让他担任临时小班长，拉近师生间的心理距离。小明感受到了老师对他的信任与重视。这时，张老师又充分利用小明想做好临时小班长的心理，及时指导其加强自我约束，并通过持续的肯定和鼓励等方式不断强化其自我约束力，使小明增强信心、不断上进、逐渐改变，进而使其潜能得以发挥。张老师对孩子的那份爱心、耐心和责任心，尤其是尊重孩子个性差异，因材施教、因势利导、循循善诱的育人方式，充分彰显了其高尚的师德与育人能力。

肥皂水泼了个“透心凉”

“报告！莹又‘欺负’甜甜了。她把科学实验课上要用的肥皂水全都倒在了甜甜的头上，甜甜的头发已经全湿透了。”班长打了声报告，没等我允许就焦急地朝我的办公桌走来。

虽然是春天，但正是乍暖还寒的时候，我担心甜甜会因此感冒，便赶紧回到班里一探究竟。去班级的路上，我从班长口中得知，是因为甜甜没带科学书，想借用一下莹的，没想到却招来这般“倾盆大雨”。进班后，我发现甜甜已经被一群学生围住了，她的头发黏黏的，顺着头发滴下来的水已经把后背上的衣服打湿了一大片，几个好心的女生在帮助甜甜擦头发，还有几个男生幸灾乐祸地嘲笑甜甜为“落汤鸡”。见我进班后，那几个调皮的男生迅速散开了，有三五个孩子立马将我围起来，向我叙述事情的经过，和班长跟我讲的大致相同。于是，我示意班长维持班级纪律，让大家坐回自己的座位。同时，我拿出手机，联系了一位住宿的老师，请她帮忙拿下吹风机。随后，我把莹和甜甜叫到了办公室，帮助甜甜吹干了身上的衣服和湿漉漉的头发。向甜甜求证事情的经过之后，我让甜甜回到班里，只留莹在办公室。于是，我开始动之以情、晓之以理。整个过程中，我循循善诱地引导，莹却始终皱着眉头，一言不发，俨然一副我没有做错事的样子。此时，上课铃声响起，我只得让莹先回教室上课。显然，这是一场失败的教育。我陷入了沉思，开始仔细分析这两名学生。

甜甜，人如其名，恬静温婉的性格，从未见她和其他小伙伴起过争执，也从未有学生向我告过她的状，就连这次被莹泼了水，也只是轻微抱怨头上黏黏的不舒服。恬静但不失幽默的她在班里有好几位小闺蜜，学习上认真负责，作业经常被当作范例供其他学生参考，还被老师委任英语课代表。

莹，乍一看上去，属于大家公认的“乖乖女”，文静，不爱说话，上课回答问题时，需凑到她身边才能听到。隔三差五地就会有学生向我告状，说是自己的书被莹踩到地上，排队时被莹故意推倒，因此，莹在班内并没有亲密的伙伴。但是，她学习上特别认真，英语是她的强项，然而因为平日里和其他同学的不和谐，并没有被老师委以重任，安排“职务”。她爸爸平日里不上班，负责接送孩子。莹起得较晚，每次都是踩着铃声进校门，她爸爸经常询问我，莹是否安全到达教室，白天有没有多喝水，吃得怎么样等等。如此可以看出，莹应该是被捧在手心里长大的，家庭对于她的照顾应该是无微不至、有求必应的。

有这样的家庭教育和性格，难怪莹平时总“欺负”其他孩子，这次更是不肯低头认错。长期这样下去，大家会慢慢地孤立莹，这对于莹的成长甚为不利。于是，我决定想办法去改变她。

事发后，我在班内召开了题为“剖析自我，欣赏他人”的主题班会，给每名学生分发若干绿色和一张红色便笺纸，绿色纸上面写上班内你最值得学习的人的优点，用来在全班分享并粘贴在教室后面扎板上，红色纸则写上自己的缺点留给自己看，为了保护大家的自尊心，我在大家的见证下，将所有红色的便笺纸封在信封里，到学期末再拆封看有没有改善。学生对于这个活动很感兴趣，很快便开始行动起来。等大家基本完成的时候，我要求学生主动分享，班内有些学生坐得笔直，自信肯定会被其他人点名，较为害羞的孩子默默地趴在课桌上，但是眼神里也挂着些许期待。这时，我仔细观察了莹的表情，表面上看，她非常不屑于参加这种活动，每每有小伙伴被表扬时，她总是嗤之以鼻，好像任何人都没有她做得好一样。班里的孩子陆续被点名夸赞，没有一个人愿意表扬莹。慢慢地，莹的眼神黯淡下来了，失去了平日里的骄横。课下，大家一起把这些便笺纸粘上时，莹终于忍不住趴在桌子上哭了起来。这一切和我预料的差不多。

待莹情绪稳定后，我把她叫到一个安静的地方，开始了我们的谈话。

“你觉得大家对他人的评价都对吗?”

“有的对，有的不对。”

“嗯，我也这么觉得。为什么小雨同学收到的赞许最多呀？”

“因为她是班长，为班级做了很多事情，也总喜欢帮助同学。”莹很少这样夸奖其他同学。

“那为什么小浩同学只收到一个夸奖呀？”莹低头不说话。

于是，我接着引导她：“你是想成为小雨那样的学生还是小浩那样的呀？”

若是放在平时，对于这样的问题，莹肯定选择沉默。但是，这次，受了伤的她想在我这里寻找慰藉，于是，她迟疑了一下，随后小声说：“小雨。”

“你是一个聪明的孩子，我相信你知道该怎么做。”

几天后，甜甜悄悄地告诉我说，她收到了莹给她写的道歉信。我和其他老师商量后，委任莹为本班的英语课代表，辅助甜甜一起帮助大家学习英语。

事后，我把班内发生的事情和莹的爸爸进行了沟通交流，她爸爸看起来很失落。回家后，我给她的爸爸发了一条短信：“作为家长，我们渴望给孩子最好、最完美的关爱，含在嘴里怕化了，捧在手心怕掉了。但是，这种温室里养出来的花朵经不起外面的风吹雨打。于孩子来讲，这或许是害，因为在我们悉心的呵护下，她已经失去了自我成长、接纳他人的能力，我们也无法陪孩子一生，她终究要独立地去面对风雨。还有另一种爱，叫做父母爱子女则为之计深远。看似‘狠心’的父母让孩子早早地参与做家务，为家庭分忧，孩子们学会了如何去接受自己，悦纳他人。这种爱在阳光下，孩子定会乐观、主动地成长。”过了许久，我收到一条信息：“您的话值得我去思考和改变。”之后，我慢慢地发现了莹的改变：每天早晨可以在上课铃声响之前到达教室；她的爸爸也不再询问孩子在学校吃饭喝水的情况；而莹也开始主动地帮其他同学一些小忙。

直到期末，班里的孩子再没有人向我抱怨莹又“欺负”其他人了，莹也交了几个要好的朋友，班级比之前更加团结和谐了。

（穆晓超　撰写）

【校长点评】

教育改革家魏书生曾说过：“种庄稼，首先要知道各种作物的生长发育特点，才能适时适量地施肥浇水；治病要了解每个病人的具体病情，才能对症下药；教师，必须了解每个学生的特点，才能选择、确定教育的方法、措施。”魏老师所强调的是，无论是种庄稼、治病，还是教育孩子，必须要研究工作对象的特点，遵循规律、尊重个性，才能找出适合其成长或治愈的方法，而教师这个职业则更多地要了解学生的成长背景、个性差异，琢磨学生的心理变化，在知人的基础上育人。

本案例中，穆晓超老师在了解学生成长背景、分析其性格特点、尊重其个性的基础上，针对发生的问题，探究原因，拟订方案，召开班会，营造氛围，有效沟通，促进反思。同时，她与家长及时沟通，引导家长改进家教方式，协同一致促进了学生莹的改变和健康成长。穆老师是一名善于思考的教师，她的思考不但改变着自己的教育方式，而且还带动了学生家庭教育的改变。有理由相信，这种家校有效合作，共同引领孩子成长的做法，必将会给孩子未来发展带来更多精神上的支撑。

解忧杂货店

笑笑是个性格内向，长相可爱的小姑娘，她笑起来眼睛总是弯弯的。平时在班里，她很乖，不多言不多语，总是很听话，纪律问题也从来不需要我操心。笑笑是个学习能力和理解能力稍微弱一点的孩子，这也源于她的性格，胆子小，不善于表达，上课时间不能够集中注意力听讲。长此以往，不会的知识点累积得越来越多，学起来越来越吃力，但笑笑为了能在课堂练习中取得优秀，并获得老师的表扬，总是提前在家里让妈妈教一遍答案。初次“背答案”成功获得了老师的表扬，使她尝到了甜头，就这样，为了不被爸爸妈妈批评，为了让老师高兴，笑笑就开始了长时间“背答案”的做法。

作为一名入职不久的老师，我很想去帮助笑笑，但不知道从何处入手，这个问题一直困扰着我，如何才能让笑笑对我敞开心扉呢？

周末，一个偶然的机会，书店里一本《解忧杂货店》的书引起了我的注意……

《解忧杂货店》是日本作家东野圭吾的一本小说，小说讲述了在僻静的街道旁有一家杂货店，只要写下烦恼投进卷帘门的投信口，第二天就会在店后的牛奶箱里得到回答。人们将困惑写成信投进杂货店，随即奇妙的事情竟不断发生。生命中的一次偶然交会，将演绎出截然不同的人生……源于小说的灵感，于是我决定在班级里创办“解忧杂货店”，在班内放一个信箱，让学生将他们的烦恼困惑投进信箱，我化身为那个解忧人，在前一天晚上偷偷地将回信放到孩子的书桌里。我尝试着可以与班里的孩子进行心与心的沟通。

最开始，信箱内每天都会出现大量的信件，学生会折各式各样的小花样放在信箱里送给我，会写很多“张老师我喜欢你”“张老师，我想知道您家住在哪里呀”“张老师，我的笔丢了，您能帮我找找吗”“张老师，谢谢您今天帮我讲题，谢谢您给我们讲故事”等围绕我展开的话题。的确，解忧信箱的作用对于二年级的孩子来说，或许有点深奥，或许他们压根就没有烦恼，信箱就是他们抒发情感的地方。几天后，孩子们的新鲜劲儿过了，抒发情感的信件变少了，慢慢地，开始有学生会对我诉说跟同学吵架的事情，或者向我告爸爸妈妈的状，我认真地回复着孩子们的信件，同时也发现了孩子们的改变，他们似乎渐渐地明白了“解忧杂货店”的意义。

直到有一天，我收到了笑笑的两封来信，写着“张老师，我以后会一直得优秀的，不会在（再）让您在（再）不高兴了（笑脸）”“要是我学习好让我爸爸妈妈高兴我才高兴（笑脸）”。简短的几个字，犹如一记重拳打在心上，我突然不知道该怎么办了，开始拼命地回想跟笑笑说过的每一句话，检讨是哪句话伤到了她，陷入了深深的自责，一定是我的言语或者引导方向让孩子有了负担。这封信我一定要好好地回复给笑笑，解开她的心结。

这两封信的出现，一下子让我完全明白了笑笑的想法，对于这么小的孩子来说，她还不知道“背答案”带来的后果。她只是单纯的小小的自尊心在作祟，很简单地想让身边的人高兴。我深深地自责，身为笑笑的班主任，我竟然没有发现她在“背答案”，没有意识到我身为大人给孩子造成的压力与恐惧。

我决定郑重地为笑笑回这一封信。

笑笑宝贝：

你的顾虑老师看到了。老师要告诉你的是，结果真的不重要，重要的是你是否努力了，是否真的都学会了。这就要看你上课是否认真听讲，课上练习是否认真完成，遇到不明白的是否及时来问老师。老师很喜欢你，但是老师更喜欢认真听课、不懂就问的你。学习是很简单的事情，只需要你认真对待就可以了。结果不重要，努力就是最好的。老师欢迎你也等着你来问我问题哦！有不懂的马上来问，一定不要留着它！消灭所有不会的问题，你就胜利了！

——爱你的张老师

我小心翼翼地将这封信折好，放在了信封里，将信放在了笑笑的书桌里。第二天，笑笑来到学校，看到了信，特别开心，一直开心地跟其他同学说："张老师给我回信了。"其他同学也都用羡慕的眼光看着她。

我将笑笑放到信箱里的那封"要是我学习好让爸爸妈妈高兴我才高兴"的信，给了笑笑的妈妈，她妈妈看了，眼含泪水。

她说："张老师，真的不知道原来孩子心里有这么大的压力，我们确实平时对她要求比较严格，总觉得为什么这么简单的题目她就是不会呢，总是不能理解。"我说："我们缺乏的就是站在孩子的角度去想，总是按照自己的想法把她当成了大人，以为我们说的话，她就应该都能听懂。我们不应该用成人视角来看待和对待孩子，应从孩子的角度出发，尊重和保护她。"

笑笑妈妈很赞成我的说法："老师，真的是这一封信，这一句话，就让我一下子明白了孩子的内心啊！我们以后在家一定学会尊重孩子，不再批评和训斥她了。"

现在的笑笑，比以前开朗大方很多，还成了我的小班长，可以为我和班级同学做事情。笑笑上课发言也不再哆哆嗦嗦，经常可以准确精彩地回答问题，不懂的问题能够勇敢地来问我，学习也取得了很大的进步。

笑笑的家长也跟我说，孩子有了很大的改变，真的感谢老师的那封信，让我们走进了孩子的内心。运动会的赛场上，也有笑笑矫健的身影，这小小的身体里竟然蕴含这么大的能量。笑笑的改变是由内而外的，她从一个不自信、胆小的姑娘，渐渐地变成了一个开朗活泼的小天使。

我真的要感谢"解忧杂货店"。这个仿佛有着魔力的小小信箱，竟然可以让我走进孩子的内心，了解孩子的真实想法，并可以去帮助孩子来解决烦恼。我也很庆幸，这个小信箱给我带来的信件，让我及时地知道了孩子隐藏起来的柔弱一面，并可以将它及时保护起来。

通过"解忧杂货店"的尝试，使我更加深刻地认识到教师是孩子学习与成长的引导者，而不是知识的灌输者；是孩子遇到困难和挫折时的帮助者和鼓励者，而不是旁观者和批评者。我能为孩子们做的就是帮他们指明方向，排除烦恼，提供帮助，及时鼓励，做他们最忠实的倾听者和成长的呵护者、陪伴者。

“解忧杂货店”的存在就像搭建在我与孩子们心灵之间的一座桥梁。人与人的相处，最难的就是走进内心。这个信箱也带给孩子们尊重感，我们互相写信的过程便是一种尊重，尊重孩子的想法很重要，孩子们也会觉得自己被老师所尊重，这样就拉近了师生之间的心理距离。要学会跟孩子做好朋友，孩子是需要朋友的，我是这个班的大家长，他们更需要我这样一个朋友陪伴在身边，和他们一起分享喜悦和悲伤。很多时候，看到孩子们做的那些淘气的事情真的很生气，但是我们并没有问过孩子们为什么会那样做，只是一味地批评教育，并没有做到从“心”出发。也许问了，你就会知道结果跟你想的不一样，孩子那样做有自己的理由。很多时候他们不能释放天性的理由就是为了听话，为了让家长大人满意。只要学会站在孩子的角度想问题，就能轻易地走进他们的世界，了解他们的心声。

“你很自由，充满了无限可能，这是很棒的事!”这是我经常跟孩子们说的一句话。现在，我每天还是会收到孩子们各式各样的来信，“解忧杂货店”的故事还在继续。

（张涵双　撰写）

【校长点评】

“教育最终需要收获什么?”在今天的教育中，我们每个人（包括家长）在孩子的成长过程中，都有自己的一个标准。我想，如果我们一心想将成年人的理想或愿望强加到孩子身上，而不顾及他们的感受，也不从孩子的成长出发考虑问题，这样的话，我们的教育又会走向何方？孩子们又能从心灵上收获什么呢？

打开信箱，走进心灵。

张涵双老师借助“解忧杂货店”（信箱），撬开了二年级小豆包的心锁。在回信中，我们看到了张老师细腻情感的流露，细致入微的观察，细水长流的抚慰。在这一来一回的字里行间，渗透了张老师无私的爱，并彰显了她的教育智慧。张老师通过建立“解忧杂货店”，找到了走进孩子心灵的有效方法，了解了每个孩子的个性特点，并激励他们不断进步，取得了很好的育人效果。作为教育工作者，就应该像张老师那样，尊重孩子个性差异，分析孩子个性特点，给予个性化的指导与帮助，并不断放大孩子的闪光之处，与家长沟通，家校合育，尽最大限度做到因材施教。只有如此，老师才能点燃孩子内心的求知之火，激发其自我发展的内在动力，开发其蕴藏的无限潜能，助力其健康成长。

见字如面，纸短情长

新学年开始，我担任了小学二年级一个班的班主任。为了解本班学生的家庭教育情况，加强家校合作，我打算先从了解孩子的父母开始。就这样，基于年级组“让赞美卡飞起来”的教育主题和“童心飞扬”的班级文化，我设计了“赞由心生——谈谈你心目中的父母”主题班会，让孩子们说一说爸爸妈妈。

班会开始，孩子们十分踊跃，争先恐后地发言。

“老师，我觉得妈妈很漂亮。”璐璐第一个说。

“我的妈妈非常能干，总是把家里打扫得干干净净。”依依骄傲地说。

小宇争先恐后地举手回答道：“我的爸爸是司机，每天接送乘客。”

“老师，我妈妈是护士，非常忙，还经常有夜班，有时候好几天都不回家，很辛苦。”小悦心疼地说。

“老师，我爸爸是销售，每天都穿着西装上班，我觉得很酷，等我长大了，我也要穿上西装。”小冲的这段话，让我忍俊不禁，真像歌里说的那样——我要穿上西装，学着大人模样……

同学们听到这话，也纷纷发言：

“我长大也要穿高跟鞋上班，像妈妈一样有气质。”

“我的爸爸是一名交通警察，每天穿制服，站在马路中间，指挥交通。我以后也要穿制服。”天天昂着胸脯骄傲地说，最后还敬了个军礼。

全班爆发出了热烈的掌声，欢声笑语绵绵不断。

可角落里的小刚却置身事外，淡然、冷漠。

见状，我赶紧补充：“小刚，说说你的父母吧！”

“老师，我爸爸太老了，也不上班，天天就是在家待着，也不管我。”

“爸爸虽然不上班，但是每天接送你也是很辛苦的，对吧?”我小心翼翼地启发着小刚。

“老师，他每天接我就是遛弯儿呢，根本不辛苦。而且他每天就是看手机，什么也不会。”谁知小刚不接我的话，继续说。

小刚这一说不要紧，班里有的同学开始窃窃私语，交头接耳。

洋洋站起来说：“我妈妈总是看手机，天天躺在沙发上。”

“对，我妈也是，我妈妈天天减肥，上减肥课，从来不辅导我作业。”文文也补充道。

“我妈整天发朋友圈，她是代购，卖东西的，也不管我。”

“我妈上次还用扫帚打我呢，特别狠。”

这突如其来的吐槽毫不留情，犀利刻薄。童言无忌道心声，有的孩子碍于情面隐藏自己的真实情感，直到小刚一语道出，孩子们才纷纷发泄，感恩之情荡然无存，亲子之间误会重重。我想，亲子关系的改善应该是我班亟待解决的首要问题。

为此，母亲节来临之际，我便策划了主题为“见字如面，纸短情长——写给妈妈的信”的活动。信的内容第一部分——感恩妈妈；第二部分——敞开心扉（与妈妈谈谈自己真实的想法，希望妈妈能够改进）。

孩子们花了一周的时间，用心写信、设计信封。每到中午的时候，他们都兴致勃勃地构思信封的图案，反复琢磨用词，抱着字典查不会的字。在紧张的排版、忙碌的查阅字典、认真的涂色中，我看到了孩子们的变化，他们小心翼翼地关注着每一个细节，生怕小手弄脏了信纸，又怕折来折去有了折痕。一天一天的准备，孩子们的内心被惊喜、兴奋塞满，他们保守秘密，有时也会抿着嘴透露风声。他们欢笑着、纠结着、思考着、兴奋着，到了周五，孩子们拿着信，塞进信封，用胶条封好，隐藏在书包里，等着周日母亲节的到来。终于到了周日，我在群里发出了这样的一段话：“亲爱的妈妈们：今天是母亲节，孩子们经过一周的精心准备，给您写了一封信，希望您坐下来慢慢读，期待各位家长的回信!”

短信一发，班级群里立刻喧闹一片，纷纷感谢这个活动带给妈妈的感动，别出心裁的方式触动了每一个妈妈的内心。

洋洋妈妈写道：“今天收到儿子的信，我俩都落泪了，我也会听取儿子的意见！感谢申老师让孩子学会了表达，学会了感谢！谢谢老师的辛苦付出！”

辰辰妈妈写道：“感谢老师，让生活中的每个节日都充满了仪式感，孩子心中充满了爱，也学会了感恩！”

文文妈妈写道：“当收到孩子的信件，满心的感动！也知道了孩子内心的想法，谢谢老师！”

周一的时候，孩子们纷纷拿来了家长的回信，家长们也如孩子们一样，用着充满童趣的彩色信纸，装进各式各样的信封。班会的时候，我们召开了“见字如面，纸短情长”的分享会，我也学知名主持人董卿那样，拿着信，配上音乐缓缓读了起来：“亲爱的宝贝：很感动收到你的来信……”

我一封一封地读着，孩子们认真地听着，有欢笑、有热泪，有感动、有纠结，有豁然开朗、有似懂非懂。读到动情之处，我也会哽咽，作为一个妈妈，我真切地感受到字里行间淌出的爱，这种情感的流淌，简直带着光。我太明白那种“望子成龙、望女成凤”的殷切期望。一幅幅画面在文字的描述下竟然跳跃起来，辛劳地做饭、不厌其烦地殷殷嘱咐、持之以恒地日日陪读、绞尽脑汁地策划假期旅行，这一切的一切都变得如此立体和生动，纵然是几行简单朴素的文字，也会带给孩子们不一样的感受，柔软他们的内心，让他们感动。读着读着，我听到了抽泣声，抬头一望，然然在偷偷地抹眼泪，桐桐趴在桌子抽噎着，琪琪拿着纸巾拭泪。这一幕确实让我很意外，小小的年纪，竟被这朴素的文字融化了内心，可见，文字的力量是多么的强大。在孩子们流下眼泪的那一刻，我深知，他们明白了，他们知道感恩了，他们瞬间成长了。

其实，有些话，应该是每个爸爸妈妈都在儿女面前念叨过很多次，孩子们也会埋怨妈妈玩手机，缺少陪伴，但是家长的唠叨孩子们未必能听进去，孩子的不满妈妈也未必会放在心上。现在把它们用文字表达出来，感觉就不一样了，这是一种仪式感，也让彼此重视并更愿意接受。孩子们把这珍贵的来信装进了自己的档案盒，封存这份独家记忆。孩子们信誓旦旦地保证：以后每年都会给妈妈写信，以笔寄情，留好每一封来信，待长大之后慢慢回味，妈妈的爱永远不老，新鲜甜蜜。

六月份的父亲节，孩子们也以同样的方式，寄情书信，平日里的硬汉爸爸们，也袒露心声，纷纷表示很喜欢这个活动，这个活动让他们走进了孩子的内心。这次活动之后，为了更好地让孩子们常怀感恩之情，我策划了“感恩伴我成长”系列活动，主要从以下两方面设计：一是加强互动，组织学生写请柬邀请家长参加学校和班级组织的主题教育和社会实践等活动；二是劳动教育，组织全班学生回家帮助爸爸妈妈做家务，打扫卫生、整理内务、参与做饭、帮助洗碗等等。就这样，从亲子间的书信交流到邀请父母参与教育活动，再到体验家务劳动，不但拉近了亲子关系，培养了孩子们的劳动意识和自理能力，而且给了他们很好的感恩教育。在这样一个过程中，孩子们不断地抛弃执念、更新认知，在感情的碰撞中学会感恩与明理，在老师与家长的陪伴下一天天进步和成长。

（申雪　撰写）

【校长点评】

感恩教育是教育者运用一定的教育方法与手段，通过一定的感恩体验教育活动对受教育者实施的识恩、知恩、感恩、报恩和施恩的人文教育。会感恩，对于现在的孩子来说尤其重要。因为，现在的孩子都是家庭的中心，他们心中只有自己。要让他们学会感恩，其实就是让他们学会懂得尊重他人。

当孩子们感谢他人的善行时，第一反应常常是今后自己也应该这样做，这就给孩子一种行为上的暗示，让他们从小知道爱别人、帮助别人。学会感恩，先要学会知恩，要理解父母的养育之恩、师长的教诲之恩、朋友的帮助之恩。文中申雪老师用了书信寄情的方法，巧妙地上了一节感恩课，之后开展的加强互动和劳动教育等活动，又进一步强化了对学生的感恩教育。这些活动的开展，使亲子间的感情变得更加真切、心灵变得更加澄净、亲子关系也变得更加和谐了。

心与心的沟通

学期初，我对小李同学的认识只是遵守纪律、成绩优异，随着接触增多，慢慢发现他性格有些内向，真正对他有了全面的了解还得从那件事说起。

一天晚上，我照常在家里辅导孩子写作业，突然收到小李家长的微信，内容是这样的："申老师您好，想跟您反映一件事情，孩子回来哭得很伤心，他说在学校被同学打肚子了，就想跟您了解一下在学校发生的事情。"我一看，先是一惊，因为在学校的时候，小李根本没有跟我说这件事，所以此时我也不知道当时孩子们之间究竟发生了什么。感觉到家长的态度有些冷淡，我想先安抚家长的情绪："家长您好，今天这件事具体是什么情况，我明天到学校先调查一下。您先关注一下孩子的身体情况，晚上孩子如果还是不舒服，您先和他去医院看看，也可随时和我联系。"我很忐忑接下来家长的态度。可能我的真诚家长也感受到了，所以，收到的回复是："好的，申老师，那麻烦您了。"我一看家长的语气，心里暂时舒了一口气，但是同学们跟小李之间究竟发生了什么，却让我一晚上都辗转反侧。

到第二天早上也没再收到家长微信，于是我早早就在班里等着。还好，小李按时到校了，我先认真地观察了他，他还是跟往常一样，回座位，放书包，交作业，没什么异常。于是，我在小李交完作业后，把他叫到身边，关切地问："孩子，听说你肚子不舒服了，现在感觉怎么样啦？""现在不疼了，老师。"但是眼睛却不敢直视我。"那你能跟老师说说，昨天到底发生了什么事情吗？"这个时候，他低着头，支支吾吾地说："没什么。”我知道小李比较内向，也就没有再继续问下去，就让他先回到自己的座位上做上课准备。

等同学们都来得差不多的时候，我把几个男生叫到办公室，问他们谁知道昨天发生在小李身上的事情，几个男生争相举手，“老师，我知道。”“老师，我也知道，我跟小李一起上厕所的。”我就先让其中两名同学说他们知道的事情。其中一名同学说：“小李每次上厕所，屁屁都会露出来，我们几个男生就提醒他，让他把裤子提好。”另一个同学补充：“昨天一起上厕所的人比较多，然后好多同学都笑他，他就不高兴了。”我观察到其他几个同学也在频频点头，心里估计两位同学说得应该比较全面了，再问其他同学，“你们看到也是这样么?”“嗯嗯，是的老师。”到这里我就基本明白这件事情的原委了，原来是因为上厕所，小李的自尊心受到了伤害。我想，孩子本身比较内向，我如果直接跟孩子说，说不定孩子心里会更不舒服，所以我就没有再找小李。

利用课间，我跟小李的家长电话沟通，说下午刚好有时间，可以到家里跟他们当面聊聊这件事。

下午，随着孩子们放学，我也到了小李的家里，我见到了孩子的妈妈和姥姥，也许家长没想到，我会亲自到家里沟通，态度也没有微信里的那种冷淡了，反倒是很热情。于是，我就将上午在学校了解到的情况跟她们说了说。听到事情的来龙去脉，家长也松了一口气，原来孩子不是被打了。但是孩子为什么却说自己被打了呢？我的心里从上午一直就产生这样一个疑问，借此机会，也对小李做进一步的了解。从妈妈口中得知，由于自身工作原因，小李从小就是由姥姥带大的，很少出去跟小朋友一起玩，在家里也是娇生惯养，自理能力比较差，时常还会因为不如意哭闹发脾气，即使自己做错事情，也很少主动承认。每当有事去找妈妈解决时，他妈妈却总是说：“这点小事自己解决，不要什么事情都找妈妈帮你。”往往这个时候，小李总是闷闷不乐。听到这里，我明白孩子说谎的原因了，小李平时缺乏母爱，有事没事总是小题大做，目的就是为了引起妈妈对他的关注和爱护。于是，我对孩子的妈妈说：“平时，可能你也忙，但作为妈妈，还要多关注、呵护和陪伴孩子，因为在孩子成长的这个阶段，其情感的需求与健康也很重要，需要家长与孩子多进行沟通与交流。当孩子遇到困难时，家长不仅要帮助孩子树立面对困难的积极心态，更重要的还要加强对孩子应对困难方法的指导。孩子哭闹、急躁、生气等等都可能是在向我们发出的求助信号，因此，有必要帮助孩子找到解决问题的办法，而不是一味地指责和推卸责任。否则，长此以往，孩子就会不自信，内心封闭。关于这件事，我一定会引导其他孩子们正确看待的。”家长听后也一直点头，表示同意我的观点和想法，同时也意识到了家教方面的问题，一再表示，一定从自身做起，调整家教方式，加强与教师的沟通与合作，尽快帮助孩子树立自信。

家访后，我对小李有了更加全面的了解，作为教师，我更应该帮助和鼓励他。于是，我找来小李，问：“孩子，上次同学不恰当的语言可能让你受到了伤害，同学们也向你道歉了，就这件事，你还有什么想说的吗?”其实，我还是想让他说一说为什么回家后跟家人说被打了肚子。孩子这次的眼神没有躲闪，看着我认真地说：“老师，上次我回家后，不该跟妈妈撒谎说我被打了肚子。”听到这个回答，我心里终于释然了，孩子已经认识到自己的不对，而且主动承认错误了，这不就是成功的开始吗?

为了帮助小李主动与他人沟通，我推荐小李作为小组长来协助班委和老师的工作，他得知后，眼神里多了一丝阳光。在一次小组合作中，他作为小组发言人，代表小组汇报了讨论的情况，由于表现精彩，得到全班同学热烈的掌声，为小组赢得了第一名。那时的他，眼神里又分明多了一丝自信。渐渐地，在班里，我能看到小李时常为同学们讲题的身影了，能看到他主动帮班级打扫卫生的情景了，能看到他与同学们分享读书的喜悦了。一天，我接到了小李的家长的又一次微信：“申老师，真的太感谢您了，孩子这段时间的变化太大了，回到家愿意跟我们唠叨学校发生的趣事了，性格也开朗了很多，孩子脸上总是洋溢着笑容，感谢您为孩子的辛勤付出。”

一次心与心的沟通使我深刻地感受到我与学生、与家长的距离更近了。教师，要真正做到关爱学生，发现他们身上的闪光点，就必须抓住每一次契机，让其转化成有价值的教育，更要与家长真诚沟通、彼此信任，只有这样，我们的育人之路才会越走越宽。

（申亚辉　撰写）

【校长点评】

在育人过程中，班主任与家长之间的有效沟通，有利于在育人观念、培养目标和育人措施等多方面协调一致，形成合力，共同助力孩子的健康成长。

本案例中，申老师针对孩子在班级中出现的情况，通过家访的形式主动与家长进行沟通，申老师真诚的态度、平等的姿态打动了家长，取得了家长的理解。在交流过程中，当了解到孩子成长的真实情况后，又及时向家长提出了对孩子教育的改进建议，争取了家长对教育工作的支持与配合，为之后孩子及时纠正错误的言行起到了关键性的作用。随后，老师跟孩子的一次次平等交流和心与心的沟通，使孩子乐意说出自己的心里话，并愉快地接受老师的指导与帮助，从而实现了引领孩子向更加积极阳光的方向发展的预期目标，这充分彰显了有效沟通引领孩子健康成长的价值与力量。

在指导与帮助中学会合作

小组合作学习是我校课堂教学中常见的组织形式，如何使参与合作学习的每一个学生都能集中精力并积极主动投入其中，以实现有效的学习，就成了我课改研究的主要课题。在一节二年级学生的美术课上我做了以下尝试。

师："接下来，请同学们按照小组进行线条组合，从老师给的这些线条中选出几种进行组合，形成新的线条效果。现在就发挥同学们的创造力进行各小组的组合吧！"

以小组为单位，各组学生在小组长的指挥下，明确分工。有的负责点的重组，有的负责线的重组，有的负责面的重组，场面非常热闹。在这一过程中，我巡视着并进行个性化的指导。这时，某一小组的小明跑到我身边说："吴老师，我这样组合，可以吗？"

师："好的！非常合理。"

小明："嘿嘿……"

师："同学们，组合好了吗？"

生："好啦！"

师："那我们分组来展示一下吧！下面就请每组的小组长上前介绍你们小组组合的线条。"

展示结束，我问："同学们，哪一组的组合最好？"同学们说："第三组。"

这时，小明说："老师，我们组是因为小东根本不画，所以我们的才没完成。"小东呛了一句："就你行！"

师："好了，小明，那不如请你为小东做个示范，好吗?"

小明做的示范非常好，于是让小东也来试试，小东看着同学们期待的眼光，画得很认真。

师："好，线条的组合非常好，有变化，有疏密。"

师："同学们，为什么第三小组会画得好呢，原因在哪里？知道吗?"

小明："老师，我知道，他们有几个同学画画好。"

师："嗯，这是其中的一个原因。但你们再仔细想一想，在你们创作过程中，是把精力更多放在哪儿了?"

学生们思考并互相讨论着。

小红："老师，他们组画得好的同学不会嫌弃画得不好的同学，画得不好的同学也不带情绪，都在认真地画。"

同学们若有所思。

师："这位同学说得非常好，第三小组非常信任同组的同学，自己的任务完成后会帮助其他同学。所以，在小组合作中，只有尊重、信任自己的队友，大家齐心协力才能创作出优秀的作品。在接下来的小组合作中，请各小组注意团结协作。"

在随后的小组合作过程中，画画好的同学不再抱怨画画差的同学，反而会帮助他们，画得不好的同学也不再自暴自弃有情绪，从而节省时间，作品又快又好地完成了。

小明和小东跑到我跟前，问道："吴老师，刚才我们组画得好吗?"我肯定地回答道："很好！老师看到了你在帮助小东，也看到了小东的进步。"他们脸上露出了欣喜的笑容，开心地与组员们分享。

通过本节课的教学尝试，让我切实体会到要想实现有效的小组合作学习，同学间的相互尊重、信任和帮助至关重要，因为它不仅使同学间关系融洽和谐，而且这种融洽和谐的氛围有利于激发每一个学生积极参与合作学习的热情。在这种积极的合作中，同学们思维碰撞、互相启发、互相学习、互相借鉴，实现了 $1+1>2$ 的学习效果。

从此以后，我一直坚持探索小组合作学习的组织与调控措施，也慢慢地形成了一些行之有效的策略。之后，我又以相同的方式对任务驱动式学习和“问题导学”进行了探究，重点对问题的设计进行了研究与尝试，逐渐形成了问题链的概念，问题设计的层次也逐渐清晰了，设计的问题也越来越有启发性了。当问题抛出后，也不像原来上课那样急于等待回答，而是把问题留给学生思考，让他们讨论，让他们发表自己或小组的观点，其他学生或小组补充，我最后点拨总结。这样坚持了一段时间以后，我发现学生们的学习积极性高了，发言也越来越踊跃了，回答问题时也不慌了，小组内同学们互相帮助也形成习惯了，孩子们的动手能力也有了很大提高。

回首这段时间的课堂改革实践，孩子们不但在相互尊重和帮助中学会了合作，而且在心灵相互的碰撞中不断发现美、感受美和欣赏美。在这一过程中，我也体验到了成功的愉悦，收获了幸福，实现了成长。

（吴彤　撰写）

【校长点评】

实施合作学习的目的在于实现每一个学生的学习权利，给学生提供具有挑战性的高水准的学习机会。高效的合作学习，不但需要教师在教学内容的取舍和难度上进行更高层次的设计，而且需要每一个参与学习的学生学会倾听同伴的声音，对同伴的观点和水平保持宽容和开放的态度。在彼此的交流、互助和分享中，每一个学生的学习需求都能得到满足。

本案例中，吴老师深入研究和理解学校尊重教育理念下的课堂改革要求，课堂上精心给学生设计具有挑战性的学习任务，并以小组学习的方式，让大家互助合作，共同完成。值得一提的是，吴老师注意观察学生合作学习的过程，关注每个学生的参与状态，对小组合作中出现的问题及时给予方法指导，增强了小组合作学习的针对性和实效性，取得了良好的教学效果。在此基础上，她还对任务驱动式学习和“问题导学”进行了研究与尝试，在提升课堂改革成效的同时，逐步培养了学生尊重与互助、和谐与共进的优秀品质。吴老师的做法值得老师们学习与借鉴。

我愿与你成为朋友

一年级的小朋友们入学了，稚嫩的小脸上带着神气十足的眼神，个个精神抖擞，不管是在课堂上还是在课间时间，时时刻刻都表现出精力充沛的样子。

班里有个小男孩元元格外引起我的注意。他显得很安静，瘦瘦的，坐在班级的最后边，上课的时候从来不拿出课本，但是手里总是拿着一本《恐龙世界》看得津津有味，看到入神时还会发出一些奇怪的声音，像是在学动物的叫声，引得其他同学时不时向他投去疑惑的目光。有时他还带个小动物的模型玩具，看着玩具自言自语，好像那是他的宝贝一样。由于我对他并不了解，因此，我只是试探性地提醒他拿出课本听老师讲课，但他无动于衷的表现告诉我，他把我说的话自动屏蔽了，继续沉浸在自己的世界里。我想，可能是我的话没有吸引到他吧？

课间操时间到了，小朋友们都兴高采烈地排队，准备到操场上释放一下自己，这个时候，我听见教室里有同学在喊："老师，元元不出来排队，他不想出去做操……"所有同学都走了，他仍没有出去跟大家一起参加活动的意思。我看着他，他却还是坐在座位上继续拿着玩具自言自语，也没有注意到我。我走到他身边，蹲下来，试图与他搭话："元元，你手里拿的玩具真可爱，它有名字吗?"我的话音刚落，他就大声告诉我："是企鹅。""你是不是特别喜欢企鹅?""是。""那现在老师想带你去操场看看有没有小鸟，你想去吗?"这一次又是出乎我的意料，听到说小鸟时，我看到他的眼睛瞬间亮了一下，蹭地一下站了起来说："好。"于是我就这样顺利地吸引他走出了教室。走出教室即将到操场的时候，他又停下了，跟我说“不要”，我看他好像又反悔了，为了让他没有机会再跑回教室，我顺势拉起了他的手，他并没有反抗，反而拉着我的手一晃一晃的，好像很高兴的样子。就这样，我们手拉着手走到了操场，他很快也找到自己的位置并站好，跟着大家一起做起了广播体操。此时，我真希望他下次也能这样积极主动地参加集体活动。

又是一节语文课，像往常一样，元元依旧没有拿出课本，而是在认真地看着《恐龙世界》，这节课我要讲的是《雪地里的小画家》，课文中有小鸡、小鸭和小马。我想到元元很喜欢小动物，这节课也许能够让他感兴趣。果然，在我出示了小动物的图片后，他的小眼睛就开始注视黑板，聚精会神地看了起来。但这专注只是短暂的停留，他又继续翻看他的小书。在集体朗读课文后，我打算让他试着读一读，第一次叫他，他用一声底气十足的“不要”果断拒绝了我。于是我继续讲课，找了三位小朋友到黑板上画一画课文中的小画家的作品，这时，好像又引起了他的注意，眼神终于又从他的《恐龙世界》转移到了黑板上。在其他同学都争先恐后地想上来试试的时候，我以为他也想上来试一试，但又被他无情地拒绝了。本节课让他回答问题失败了。第二天上课，我准备抽查背诵课文，我继续抱着试试看的心态叫了他，“元元，你能试着背诵课文吗?”这一次，他没有停顿，站起来就开始背诵了，声音洪亮，背诵得也很流利，当他背完后，我带头为元元鼓起掌来，班里其他同学的掌声更加热烈。这一刻，虽然他的脸上没有什么表情，我也不知道他的心里在想什么，但是，我看得出他一定是开心的。

经过短暂一学期的相处，我发现元元越来越信任我。一次，有陌生的老师来班里给学生们拍证件照，他并不愿意配合，这时我走过去，他主动拉起我的手，让我陪他过去拍照。简单的一个动作，足以证明他对我的依赖以及信任。每次班会，我还发挥他的优势，让他给全班同学讲一段他的《恐龙世界》，大家听后，往往向他投去羡慕的眼光。就这样，我引导他一次次地参加活动，一次次地在同学们面前展示，渐渐地，我发现他越来越自信了，说话也大胆了许多，似乎长大了不少。

现在，尽管他还存在这样那样的问题，作为他的老师，我仍在深入地了解并观察他的生活和学习，并通过日常生活中的一句问候，一个抚摸，一个眼神和一次次的肯定与鼓励，一点一滴地帮助他感受温暖。我就像他的朋友一样，陪伴着他，并和他一起成长。

（崔萌　撰写）

【校长点评】

“有一种力量，使我们泪流满面。”这是一种什么样的力量？这是尊重的力量，是爱的力量。“立德树人”是教育的根本任务，教书育人是教师的天职和使命，要做好育人工作，爱学生才是根本。爱学生，就需要尊重学生的人格，尊重学生不同的兴趣与爱好，尊重学生的个性特点，像一个真正的朋友那样，真心去呵护每一个学生的成长。

本案例中，崔老师通过三个场景次第展开和元元交流的花絮。她怀揣着尊重和师爱，从远观、走近到牵手，再到课堂上的爱护与引领，再到发挥孩子优势，让孩子在全班同学面前讲他的恐龙世界故事，慢慢地，她走进孩子内心，培养孩子自信，成为孩子的知心朋友。在整个一学期，崔老师以宽容、理解、尊重和欣赏的眼光，耐心地等待着元元的变化与进步，陪伴着元元一路成长，同时，崔老师也收获了自己的幸福。

读罢此文，牵手的场景萦绕于心、陪伴的身影历历在目。冰心老人说过一句名言：“有了爱便有了一切。”崔老师把对学生的爱化作了一个个爱的动作，一个个眼神，一个个抚摸，一个个牵手，不断地向学生传递着关心，传递着呵护，传递着欣赏，从而使她的教育变得那么的温馨和暖心！

走进内心，鼓励帮助

我教的初一学生洋洋和别的学生有些不一样。他不爱说话，无论你和他说什么，他总是闪着一双无辜的大眼睛笑着看着你；他上课从不举手回答问题，给人的感觉是他在发呆，活在自己的小世界中。他有时完成作业的情况也不好，我找他多次谈话，但他总是憨笑着看着我点点头，下次上课还是老样子，作业也不做。

随着时间的推移，我们迎来了第一次期中检测，结果，洋洋没有及格。我很失望又有些怒气，心想，为什么我对你这么用心，你还这样呢？我得找洋洋好好聊聊了。也巧，到试卷讲评时，每一道题我都让学生自己讲，轮到一道选择题时，没有学生举手，我问："还有谁没发过言，来给同学们讲一讲这道题？"同学们可能是恶作剧，有几个喊洋洋，其余的也应和了起来。我有些为难，因为一堂课只有40分钟，而且以我对洋洋的了解，他是讲不出来的。

一瞬间，我做了一个决定，我要给洋洋"撑腰"，不能让其他学生"欺负"洋洋，要让他们知道老师对所有学生都是一视同仁的。于是，我就叫洋洋起来讲解这道题，洋洋只是笑着站起来眨着他无辜的大眼睛并不说话，我耐心地说："没事，讲错了也不要紧，我们一起来学习，洋洋把你的答案告诉大家。"洋洋终于回答"C"，我很高兴，我说："太棒啦，我们洋洋做对了！"洋洋羞涩地笑了笑。课下我单独找洋洋谈话："洋洋，你觉得你期中检测成绩如何？"洋洋笑着摇了摇头。我说："那你希望地理学习有进步吗？"洋洋又笑着点了点头。我又找来了平时和洋洋玩得非常好的悦悦（我以前找过班长来辅导洋洋，发现效果并不好，分析有两点原因：一是班长需要辅导的人多，无暇顾及洋洋，二是班长并没有走进洋洋的内心)。悦悦的地理学习也很一般，期中检测也没有及格。我之所以找悦悦来辅导洋洋，主要是考虑到悦悦能走进洋洋的内心，因为洋洋特别听他的话。同时，这样也会给悦悦带来信心，知道老师有多重视他，让他起带头作用。就这样，洋洋和悦悦开心地答应了，以后要一起努力学习地理。

之后的日子里，我时常找洋洋和悦悦谈话，并单独给他俩布置点小任务，第二天交给我检查。上课时也会多关注洋洋和悦悦，让他们感受到我对他们的关心与重视。为激发学生学习地理学科的兴趣，我还根据学校课程开发的要求，自告奋勇主动开发并实施了“环游世界”地理拓展课程，洋洋和悦悦也报名参加了这一课程的学习。在学习中，他们表现出了极大的兴趣与热情，每次学习，洋洋和悦悦还给我看他们自己设计的海外旅行图和旅游计划。对于他们的表现，我及时给予了肯定，并在地理课上单独对他们的设计进行了表扬，就这样，他们也渐渐地喜欢上我的地理课了。随着时间的推移，我们迎来了期末考试。让我惊讶的是，洋洋的地理成绩居然达到了良好等级，悦悦也考及格了。我在全班面前重点表扬了洋洋，他很开心也有些羞涩。我私下里问洋洋：“你觉得自己考得怎么样啊?”洋洋羞涩地笑了笑。我又问：“能继续保持这种向上的学习态度，争取下次再进步吗?”洋洋又笑着点了点头说：“能!”经过一个学期的学习，洋洋和悦悦的地理成绩达到了优秀，我很开心，试卷讲评的时候，我让洋洋站起来回答了一道许多同学都做错了但洋洋做对了的选择题。我第一次听到洋洋说了这么多话，我高兴极了，在全班面前表扬了洋洋和悦悦，并让大家把掌声送给他们，洋洋也羞涩地为自己鼓起了掌。老师们也都发现洋洋和上学期不一样了，他各科学习变得更自信了!

自那以后，我开始关注所教的初中三个年级的学困生，并通过关心、谈心、肯定、鼓励、帮助和指导，走进他们的内心，了解他们的成长背景、学习困难、成长烦恼、交友等情况，倾听他们的心声，同时，与他们谈人生的梦想、未来的规划、初中的目标、发展的愿望等等。就这样，我成了他们的知心朋友，并建立了良好的师生关系，选择上我开设的“环游世界”地理选修课的也越来越多了。不但如此，他们还开始喜欢阅读介绍世界各国旅游胜地和文化的书籍，还踊跃参加校本课程学习的各类成果展示活动。这些所谓的学困生，现在学习地理更加主动了，各科学习成绩也都有了很大提升。

每每看到这些学生意想不到的变化，我都有说不出的成就感，也体验到了教师工作的幸福感，这更加坚定了我终身从教的信念。

（陈旭　撰写）

【校长点评】

在现实生活中，造成学生学习困难的原因十分复杂，不同的学困生也有着各自不同的学困原因，但有一点是相同的，就是学困生的学习动机水平普遍较低。他们中的大多数都有明显的厌学、畏学情绪和逃避学习的行为，并不同程度地存在着学习动机障碍，因此，激发学困生的学习动机也就成了学困生转变的核心。

本案例中，面对洋洋的学习困难，陈老师通过尊重、接近、关心、信任、鼓励、帮助、辅导、肯定、表扬等措施，走进其内心，倾听其心声，做到了有效沟通，对症下药，精准施策，帮助指导。与此同时，陈老师引导洋洋参加“环游世界”选修课学习，体验学习成功带来的愉悦，进而激发了其浓厚的学习兴趣。在陈老师的引导下，一个个像洋洋这样的学困生逐渐增强自信，摆脱了学习困境，并取得了很大进步。

案例中洋洋的发展也给我们以启示，即一个学生无论发展的现状如何，只要我们尊重教育规律和学生成长规律，因材施教，并不断增强其自信，就能激发其动机，开发其潜能，并助力其实现发展的自我超越。

向冷暴力语言说不

初一下学期，班里个别学生爱随意挖苦、讽刺同学，有的班干部和同学向我反映，这一现象大家十分反感，极易在同学间引发语言冲突，甚至会发生争吵，继而影响同学间的和谐相处。为此，我在班里做了有关班风的调查问卷，其中一项“目前，你觉得哪些现象会影响同学间的关系”，绝大部分同学写了“一些同学说话很伤人”。

为改变这一不良现象，经与班委协商，我设计了“好好说话”的主题班会，目的就是让学生关注同学间的语言表达，教育并引导其学会说话的艺术，学会礼貌地表达和交流，以营造团结和谐、积极向上的班级氛围。

班会开始，我把平时记录的同学间互帮互助的温馨瞬间用照片视频的形式进行了播放。操场晨练时，同学相互鼓劲加油的场景；课间，小组长耐心给同学讲题的画面；午餐时，热心的学生帮助其他同学盛饭的情境……这一幕幕熟悉的画面重现时，大家看得认真专注，不时露出会心的微笑。

接着，我们进入了下一个环节——听听小雅的心里话。我以第一人称的口吻，讲述班级一个女生在日记里的一段独白：

一天早上，我在思考，如何改进自己的语文学习，因为本次语文测试考得不好。就在这时，几个男生帮课代表下发试卷，边发还边报着同学的成绩，尤其发到成绩很惨的同学试卷时，还故意拉长声音吆喝着。听到这刺耳的声音，我实在是无地自容，怪自己太笨。但对发试卷讽刺挖苦人的学生的行为特别反感，甚至开始憎恨他们的冷血和幸灾乐祸！因为我感到那些伤人的话比那可怜的成绩更可怕……

当我读完这段独白时，班里静静的，有几个平时爱起哄的男生低下了头。不少同学都看着我，期待着老师说点什么。我说："你们听了咱班同学的这段心里话后，有什么感受？"

晨站起来说："我感到，一次测试，成绩可能好，也可能不好，这很正常，考得不理想的同学也没必要灰心丧气和自责，以后改进努力就行。但我最想说的是，班里有些同学说话太伤人，根本不顾及别人的感受。"思衤充道："我们这个集体有时候很温暖，可有时候却发生一些不和谐的小事，让人觉得又很寒心。可能说伤人话的同学也不是成心想去伤害谁，可这样冷酷的话语真的很伤人心。"小刚欲言又止，但还是站起来说："我们班有些人说话不但不考虑别人的感受，有时还很得意。我觉得这不是有个性，其实是自私、冷漠的表现。"

我接着说道："你们知道咱班同学最痛恨的是集体中的哪种行为？一起来看看这份班级调查表中的反馈，同学之间说话挖苦人、不尊重别人的行为最让人反感。从这个调查中，我们可以看到同学们最在意的是生活在集体中的感觉，每个人都渴望自己在集体中能获得温暖和力量。当你受到委屈、心里难过时，你的朋友主动来关心、安慰你时，你会觉得特别感动，这就是语言的魅力。语言背后折射出的是那一颗颗善良、阳光的心灵，这就是一个集体的温度，这也是我们热爱这个集体的缘由所在。因为集体有爱，我们才越来越爱这个集体。"

经过前面的案例分享，每个同学感同身受，班会进入了"学着好好说话"的环节。这时，我问大家，那我们该如何好好说话？如何礼貌表达？遵循什么原则和同学沟通交流呢？请大家带着这些问题，以组为单位讨论一下，讨论结束，请各组代表上前边给大家汇报你们的讨论结果。我话音刚落，同学们便按照平时的学习小组开始了热烈的讨论，在讨论中，每个人都积极发言，表达了自己的观点。我巡视了一下，看到每个组讨论时都充满着正能量，整个讨论的过程使班内形成了一种强大、正向的舆论氛围。我看时间已到，各组依次到教室前阐述自己的讨论结果，展示结束，平时在班里说话伤人的一个同学站了起来，他说："同学们，对不起，我平时说话口无遮拦，没有考虑大家的感受，请大家原谅！"又一位同学站起来说：“我也是，对不起，我以后一定要改，请大家监督我！”这时，班长站起来说：“平时说话口无遮拦的同学也不是故意伤害某些同学，以后注意就是了！”

没等我插话，全班响起了阵阵掌声。我也跟着同学们鼓起掌来。最后，依据各组的讨论，我们整理出以下与同学沟通相处的原则。

第一，学会倾听，不随便否定别人对感受的表达。别人一开口，有的人就毫不留情地给予否定。比如，某某说今天好冷啊！旁人马上说，冷什么啊，这么大太阳，你没看到吗？将心比心，如果你把每一种感受表达出来，别人都进行否定，你会怎么想呢？

第二，尊重他人，当众给别人留脸面。俗话说“打人不打脸，骂人不揭短”，若是不给别人留面子，爱揭露别人的短处、毛病，就会导致自己成为“孤家寡人”。比如，小美兴奋地跟大家说，瞧我穿的新鞋。旁边的小明接了一句，这么土的款式，好看吗？小美听后，满脸寒霜，肯定不再理会小明。

第三，学会赞美，把光芒让给他人。其实我们很多人喜欢表现自我，总喜欢争风头。可这种心理，却容易让我们失去朋友。当你把光芒都占尽时，你周围的同学就暗淡了，你要获得大家的友谊，最好是把光芒留给他人！每个人都能绽放点光芒，汇聚起来就是星光灿烂。

最后，我说：“同学们，美国有位著名的心理学家卡耐基曾说：‘一个人的成功，只有15%归结于他的专业知识，还有85%归于他表达思想、领导他人及唤起他人热情的能力。’说得简单一点，心理学家所说的85%，我们可以理解为‘人际交往和沟通能力’，也就是语言表达能力。所以，我们要学着好好说话，说善意的话，说暖心的话，说正能量的话，这样的集体才越来越有爱，才始终充满着积极向上的氛围，才能给大家以力量，我们每个人的青春岁月才会越来越美好！”

主题班会课过后，我发现同学们慢慢有了同理心，也学会了换位思考，同学之间说话也发生了很大变化，再不像以前那样说话没分寸，而是有底线了，有温度了。之后，我利用班会和与孩子们闲聊的时间，密切关注同学们之间的语言沟通与交流，也时常提醒他们注意尊重同学，学会倾听，平等相待，积极沟通。学期末，班级还组织了“暖心同学”的评选活动，大家推选出了六位热心助人、话语暖人的榜样同学。我鼓励全班写出这些当选同学让人温暖的瞬间，放大他们的暖语善举，激发更多同学积极践行尊重理念，学会理性表达自己观点，学会礼貌地与人沟通和交流。慢慢地，和谐友爱的良好班风又回来了，班级积极向上的氛围也更加浓厚了。

（霍莹　撰写）

【校长点评】

教育的本质是一个灵魂唤醒另一个灵魂。教育之“育”应该从尊重生命开始，使人性向善，使胸怀开阔，使人唤起内心深处美好的善根。

班主任的核心工作就是用慧心激发学生的正能量，让其生命处于一种向善的、积极的、充满希望的状态，以帮助学生实现精神上的健康成长。这则案例中，霍莹老师深知学生间相处的状态会影响一个班级的风气，一个良好的班风又会促进学生间良好关系的建立和学生发展良好状态的形成。在真实的教育环境中，霍老师有教育的敏感，发现学生的语言冷暴力现象，适时抓住教育的契机，并通过召开主题班会，发动学生展开深入的讨论，让学生在讨论中明礼建规，形成了良好的舆论氛围。在此基础上，她进行跟踪指导，开展“暖心同学”评选，树立学习榜样，持续引领行动，逐步使学生学会礼貌表达，学会有效沟通，使班级始终保持了积极向上的良好班风。其间，体现了霍老师丰富的育人经验与闪光的教育智慧。

第二辑　引导与激励的力量

文化，在仪式中传承

2017 年 8 月是我入职后首次受命筹备新学年开学典礼。我去征求校长的意见，校长告诉我："举办活动、开展仪式教育的意义在于让学生参与其中，受到教育，并从中有所感悟和思考。"于是，我从"传承与发展"入手，开始了开学典礼的前期筹备工作，并计划增加"开笔礼"仪式。

"开笔礼"，是古代读书人人生的四大礼仪之一，俗称"破蒙"。在开学的第一天，学童会早早起床来到学堂，由启蒙老师讲授人生最基本、最简单的道理，并教习读书、写字，然后参拜孔子像，才可以入学读书。这正符合我们每年秋季学期迎新生入学的情况。但有一些不同的是，我们的学校是九年一贯制学校，由一至九年级组成，开学典礼既迎接一年级学童、七年级新同学，同时也欢迎其他年级的孩子，经过一个假期的休整之后重新回到校园。基于这些情况，在和领导沟通后，决定在古时开笔礼仪式的基础上推陈出新，转化为我校特色的开学典礼，即"开笔礼"仪式。

万事开头难。文化的传承容不得马虎，要想在仪式上进行创新，需要对传统文化及开笔礼仪式有所了解。感恩于前一年在东城区府学小学的观摩学习和假期参加国子监开笔礼仪式的经验，多方查找资料，经过与校长数次讨论修改，最终确定了实施方案。

方案确定后，老师和学生们纷纷行动起来：有的学生负责主持，反复地朗读、配合，连语气语调的抑扬顿挫等细节都不放过；有的学生负责礼仪引导，多次重复练习"正衣冠"的步骤与细节；有的学生负责诗词吟诵的表演，表情、走位、动作力求精确……老师们也忙着准备大写的"人"字架、站位图、开学赠礼等事宜。

终于，我们迎来了新学年的开学典礼。典礼共分为四章，分别为：序幕、开笔礼、寄语、抒怀。仪式第一章，在全体师生的掌声中，一年级学童由七年级新生大手拉小手，伴着欢快的音乐，走过红毯步入场地。随后，全体师生庄严立正，举行本学期第一次升旗仪式。

随后进入仪式第二章，也是本次典礼的重头戏——开笔礼。这个环节邀请老师担任主持人。仪式即将开始，老师和同学们的面庞上满溢着肃穆与期待的表情。第一项“正衣冠”。先正衣冠，后明事理，正衣冠是忆先祖优秀品德的最好载体，也是知书明理的第一步。同学们从发际、领口、领结到纽扣双手依次整理，寓意着摒除杂念，回归校园生活。第二项“点智破蒙”。邀请各位嘉宾、领导和班主任为一年级的小同学们点朱砂开智，寓意着同学们从此眼明心静，好读书、爱读书。孩子们满怀期待的眼神，兴奋地接受来自老师和长辈的祝福。第三项“击鼓鸣志”，寓意着学童、学子耳聪目明、茅塞顿开。第四项“描红开笔”。由教师代表带领同学们开笔，同学们举起右手，郑重地写下一撇一捺。大写的“人”字，顶天立地，希望同学们在学校这个集体中，做正直的人，做诚实的人，做自觉遵守纪律规范的人。最令人难忘的，是第五项“行拜师礼”。这个环节是希望通过行礼的仪式感，感悟传统师道、感恩祖先传承、感激父母养育、感谢老师教导。主席台下，同学们一个个郑重地行礼，台上，老师们郑重地站立，接受学生的感谢，也感受着为人师表、教书育人的重要职责。“礼成。”伴随着主持的宣告，开笔礼仪式圆满完成。

学校为新同学们准备了绿植作为新学期礼物。在仪式的第三章，校领导和嘉宾为新生赠礼并寄语。所谓“十年树木，百年树人”，绿植寓意生机、寓意新的希望，伴随张校长的新学期寄语，祝福师生的教育生活充满生机。

文化的传承不在一时，而在于每时每刻；对于传统文化的理解与尊重也不在于表面，而在于内心的感悟。一个充满着感动与震撼的开学典礼，会让孩子们清晰地感受到传承的力量，感受到华夏儿女的使命感。

我校以“尊道敬学、立己达人”为校训，尊重教育是我校的特色文化。在校门的校训石背面，镌刻着《少年中国说》中最为经典、广为传诵的段落：“少年智则国智，少年富则国富，少年强则国强……”

仪式的最后一个环节是“抒怀”。全体师生凝眸肃立，诵读《少年中国说》选段，伴随着传承优秀中华文化的信心，大声喊出心底的声音：“美哉我少年中国，与天不老！壮哉我中国少年，与国无疆！”相信多年后，回想起当年，在北京教科院丰台学校参与的开学典礼，依然能收获感动与感悟，伴随着岁月更迭，历久弥新。

转眼间，以“开笔礼”为主题的开学典礼已经延续了三年，“智启志明”“启智尚学·明志立人”“开笔启蒙　立志鸿途”，开笔礼仪式已经成为学校特色的新生入学的第一课。从最初摸索成型，到删繁就简、完善细节，每一次仪式都赋予新的内容，开学典礼成了我校有特色的一堂生动的文化传承课。这样一次具有文化性、传承性与启迪性的仪式，是孩子们新学期伊始收获到最有意义的礼物。

（田也　撰写）

【校长点评】

《完善中华优秀传统文化教育指导纲要》中指出，加强对青少年学生的中华优秀传统文化教育，要以弘扬爱国主义精神为核心，以家国情怀教育、社会关爱教育和人格修养教育为重点，着力完善青少年学生的道德品质，培育理想人格，提升政治素养。

本案例是学校落实《完善中华优秀传统文化教育指导纲要》精神，秉持尊重教育理念和培养“尊道敬学、立己达人”阳光少年的培养目标，组织教师开发设计的开学特色课程。该课程通过举办开笔礼仪式的形式让学生接受一次优秀的传统文化教育，每年老师会不断创新形式，增加新的内容，并赋予该课程新的内涵，使之成为开学时对学生进行优秀传统文化教育的第一课。相信，在这种文化氛围的熏陶下，一定会促进学生形成爱国的精神、家国的情怀和健全的人格。

一节特殊的聊天课

对一年级教学还是一张白纸的我，面对着一群活泼、天真、可爱的孩子，有时真是有些手足无措。

“张老师，小齐把我的铅笔盒扔地上了。”“张老师，小齐用笔扎我。”“张老师，小齐刚才用脚踢我。”……在开学后的两个月，几乎每天每节课后都会有人找我告状。没错，每次都是他——小齐，一个让我又心疼又无奈的孩子。

针对这种情况，我班班本团队的老师也在研究帮助小齐改掉坏习惯的方法，并在不断寻求有效解决问题的途径和契机。

不出所料，班里又有“大事”发生了。课间，有同学气喘吁吁跑过来跟我说：“张老师，不好啦，小齐跟小希打起来啦。”我一听，先是头脑一嗡，但容不得多想，便急忙冲进了教室。此时教室似乎已经恢复了平静。

下节课刚好是我的班会课，我计划了一下，就跟同学们说，咱们下节课上一节“聊天课”，咱们聊聊吧。孩子们一听，满脸疑惑。我再一看小齐和小希，脸上闪过一丝不自然的表情。其实，我当时也不知道效果会怎样。

“咱们聊聊吧”正式开始，我鼓励他们做事要诚实。我让课间打闹的当事人都来到前面，没想到，这件事并不是只有小齐和小希两个人，还多上来了一个——小涛。我一看，事件怎么突然变得这么复杂，在那短短的几分钟到底发生了什么？我很想听一听。我不想让他们在大家面前站着觉得心里不舒服，就让他们一人搬一个凳子，围坐成半圆形，然后对大家说：“这节课你们都是老师的小助手，一会儿帮助我做决定。”孩子们一听有任务，立马来了精气神。我瞄了一眼，台上的同学因为坐着，也没有觉得不自然。

“咱们聊聊吧”聊天部分开始了。我问台上的三个学生，谁愿意先来说一说到底发生了什么。这个时候小希举手了。小希稍顿一下，开始了讲述：“刚才小齐和小涛在追着跑，后来不知怎么就抱着打了起来，我想帮小涛，就跟着打了几下小齐。”因为平时小涛跟小希比较好。我就问底下的同学们：“你们当时看到的是这样的吗？”下面目击整个过程的同学就主动站起来说：“是这样的。”我想了一想，先大概估测就是课间同学之间追跑打闹造成的，但还想进一步了解一下。我就接着问：“谁下一个发言？”小齐说他想说。“刚下课，小涛就跑得很快，跑到我这里把我的书撞掉了，但是他没理会，接着跑，我很生气，就站起来跑着追小涛，让他捡书，但小涛就是不捡，就扭打起来了。后来不知为什么小希也来打我了。”听到这里，我明白了事情的起因。我就问小希：“是这样的吗？”小涛和小希说“是”，但小希却急得有些脸红，举手想说话，我仍然表示同意，并且不忘征求大家的意见：“小希可以说两句吗？”大家都说可以。小希急忙说：“那前几天小齐还把我的铅笔给藏起来了呢，我想起这个就想帮小涛。”原来小希是把两件事混在一起了，并且小齐藏铅笔的事情我也已经处理过了。

经过一番了解，整件事情来龙去脉基本已经掌握，我就问底下的同学们：“你们想说什么？”这时有同学站起来说：“之前那件事是小齐不对，但是那都已经过去了啊，这件事我觉得是小希不对。”底下的好几个同学也跟着应和着。我再一看小希，他的头已经低了下来。我就问小希：“你同意同学说的吗？”“同意。”声音小得像蚊子叫，小希估计已经意识到错误了。那我就问小齐，这件事你还有什么想说的。这时他说：“我不该因为小涛没帮我捡铅笔就跟他打架，应该有事先找老师。”我一听，小齐这边也已经意识到错误了。“同学们，你们愿意给小齐一个机会么？”“愿意！”“那小齐下一步应该怎么做呢？”小齐站起来走到小涛面前，首先向小涛道歉：“小涛，对不起，我不应该打你。你能原谅我吗？”小涛一看这种情况，脸微微有些红，赶忙站起来，说：“没关系，我也不应该跑太快，把你书撞掉。”同学们还特别友爱地对小希说：“小希，你也不能再跟着打架了呀。”“那接下来怎么办?”我顺势征求底下同学们的意见。“他们两个都有错，相互道歉吧。”我很诧异一年级孩子这种辩证的思维。“对!”底下的同学也纷纷赞同。此时，我征求小齐和小希的意见：“你们接受大家的建议吗?”他们俩先是对视，然后慢慢地转过身，小齐反倒先深深鞠了一躬，说：“小希，对不起，请你原谅我，好吗?”小希也紧接着弯下腰说：“没关系，我也有不对的地方。”之后，两个人相互给彼此一个大大的拥抱。

我最后总结说：“班级是咱们共同的家，大家都是彼此的兄弟姐妹，希望以后我们真诚地爱彼此，帮助彼此。在这里也着重表扬小齐，他今天的表现，让我对他刮目相看。虽然犯错了，但是跟之前相比，勇于承认错误，相信他的表现一定能够越来越好。”台下响起了热烈的掌声。我看到小齐也露出了阳光般的微笑。

看到这一幕，我心里还是很欣慰的。整节课，我基本没做什么，把发言权和解决问题的表决权交给了孩子们，他们没有让我失望。整个过程也体现了：尊重孩子认知，耐心等待；鼓励孩子反思，保护自尊；引导孩子包容，培养他尊；满足孩子需求，体验成长。

此班会设计时，我有以下思考：一是角色效应。在社会生活中，每个人不仅扮演着各种角色，而且会通过对角色规范的理解，力求使自己的行为合乎角色的规范，这就是角色效应。这节课我首先给孩子们的角色定位分为两类，坐在自己座位上的学生是一类，因为事先给他们分配了任务——小助手，所以孩子们对整个事件比较关注，积极发表自己的意见，因此也碰撞出智慧的思维火花。第二类是事件当事人，给他们的定位是跟大家平等的，让他们自己陈述自己的事情，在大家的帮助下，自己慢慢思考解决问题的方法。整个过程既没有指责也没有批评，有的只是引导和思考。二是等待效应。由于人们对某事的等待而产生态度、行为等方面的变化，这种现象称等待效应。针对这个案例，我没有立即批评当事人，而是选择等待观望的态度，给他们机会和时间，让他们自我反思，没想到起到了事半功倍的效果。三是尊重效应。马斯洛的需求层次理论告诉我们，人在满足了生存、安全的需求之后，就渴望被尊重，希望人格与自身价值被承认。我们成年人是这样，儿童也是这样。在这个案例中，我让事件当事人坐着聊聊天，他们不感到压力，反而增加了内心的温暖和舒适感，这样的状态有利于他们正视自己的问题，反思自身的行为。

尊重儿童，不要对他们过早做出好或坏的评价。教育也如同一剂良药，抓住时机就能起到“随风潜入夜，润物细无声”的效果。让他们如栀子花一样，在平淡、持久、温馨、脱俗的外表下，蕴涵着美丽、坚韧、醇厚的生命本质。

（张楠　撰写）

【校长点评】

践行尊重教育理念，就要以学生发展为本，把学生放在教育的正中央，尊重学生人格，尊重学生个性差异，尊重其发展规律。在处理学生间发生的问题时，就要少说教、多倾听，耐心等待，细心指导，就要引导学生自我发现、自我反思、自我纠正、自我管理和自我完善。

本课例中，在班会课上，张老师作为一个倾听者出现在学生面前，她把班会课上的发言权、对事件的评判权、处理的表决权等统统交给了学生，让当事人自己陈述自己的事情，并在大家的帮助下促进当事人进行自我反思。教师启发、引导其思考解决问题的方法，并当场解决了班级发生的问题。整个过程没有指责、没有批评、没有说教，有的只是引导、启发、反思。正像文中张老师写的那样：“尊重孩子认知，耐心等待；鼓励孩子反思，保护自尊；引导孩子包容，培养他尊；满足孩子需求，体验成长。”在这样的过程中陪伴孩子一步步走向成长，这才是真正的教育。

不进班的孩子进班了

新学期，我接了一个一年级的新班，班里的孩子多姿多彩，个性十足，开学第一天就有一个孩子给老师来了一个“牛脾气的见面礼”。

这个孩子叫小泽，第一天上学时，同学们都进班了，他呢，就在学校大门口，耍脾气哦，就是不进校门。后来他妈妈硬拽着把他拖进校园，和几位老师连哄带拽地把他送到了教室，我把他领到座位上时，他还噘着小嘴。我说：“坐好吧，你看同学们都坐好了。”可他头一扭，直接把后背给了我，不管你怎么说，他就那么坐着。当时我心里“咯噔”了一下，我的天呀，有这么一个孩子，以后……想到这里，我的心不由得一紧。

第二天，小泽还是照样，和他妈妈到学校门口，就是不进校门，一拉他就跑，大哭，竟能持续哭上一两个小时。这哭声挑战了妈妈一忍再忍的耐心，妈妈把他生拉硬拽弄到校园里，有几次把他妈妈都气得直哭。不过他只要是进了教室，却能安安静静地坐好，还真不像第一天那样拧。在课堂上我也会不断地表扬他，鼓励他认真听课。

我想他的问题就是在进校门的那一刻，我得如何破解他不想进校园，进校门就哭闹的这个问题呢？就这样一周过去了，班会课上，我把第一周的喜报发给孩子们。我给他也发一份，鼓励他，看看是否会改变一些。他拿到喜报真的很开心。

可第二周的第一天小泽还是一如既往地哭闹，妈妈哄，值班的老师也过来哄，天天如是，真让人头大。第二周的班会课，我想这回我得再给他一份喜报。我就问他：“小泽，每次你表现得好，得到老师表扬，你高兴吗?”他笑着点点头，声音很小地说：“高兴。”“那老师发给你喜报你是不是更高兴呀？”他微微一笑说：“是。”于是我就抓住这个有利时机对他说：“那我们来个约定，你说好不好？”他一脸期待地看着我。我说：“你从明天开始，到校的时候和同学们一起排队进教室，然后和同学们一起上课，那一定会特别开心的，你说是不是呀？”他点点头。我说：“那咱们就这么说好了，明天不哭不闹和同学一起排队进教室，好吗？”他点点头。我把喜报递到他手里时，观察他的表情，能看出来他很开心，小心翼翼地把发给他的喜报放在书包里。我对坐在他前后的同学说：“小泽是我们班的一员，也是一个听话的好孩子，他就是有点胆子小。你们两个离他最近，那以后你们俩就做他的好朋友吧，下课带着他和大家一起玩，好不好呀？”两个孩子看了看小泽，高兴地点点头，这时我发现小泽更是开心地笑了起来。我对其他两位同学说：“既然愿意和小泽做好朋友了，那我们现在就一起拉钩吧。”说着我和三个孩子拉起钩来。我对小泽说：“有了好朋友和你一起学习、一起玩，是不是特别开心呀？”他用力地点点头，笑得更灿烂了。回座位后他的一个小动作让我感到了他内心的喜悦至极，他把两只小手规规矩矩地放在桌子上，身子坐得比其他同学都直了。

第二天，我特意留心，想看看他到底是不是和同学们一起排队进的教室。果然，他没哭没闹，和其他孩子一样排着队进到班级，还看着我微微地向我笑。我也还他一个微笑，并走到他跟前，用手摸摸他的头，对他说：“小泽真棒，真是个好孩子。”他的笑容更加灿烂了。门卫的保安还很奇怪地说：“那个每天哭闹的孩子今天怎么没来上学呢？”我笑着说：“都和其他小朋友一起进教室了。”“啊，不哭闹了？”保安纳闷地问道。我说：“不哭闹了，开始高高兴兴上学了！”

那天以后，我时常地表扬他，鼓励他，给他自信，慢慢地，我发现他的脸上挂起了微笑。看到他的改变，我十分开心。后来的一段时间里，每每发现小泽的一点点改变，我都会继续鼓励他，给他发喜报，并及时向他妈妈报喜。这样一来，小泽坚持每天都和其他孩子一样排队进教室，并开始认真上课。我发现，他开始对老师、同学和这个班集体有了依赖感和信任感，也慢慢地融入了这个集体之中。

尊重才有平等，信任才易沟通，鼓励才能上进。一个学生无论其家庭成长背景、性格特点、认知基础和行为习惯等有多么不同，我们只要用尊重、信任、鼓励、期待的方式去陪伴其成长，他就一定会顺利克服一段段成长的烦恼，还我们以惊喜。

（张伟玲　撰写）

【校长点评】

这则小故事写出了小泽，一个刚刚上学孩子的样子——依赖家长、害怕新环境，甚至是哭闹耍赖。从这个真实的小故事中我们不难看出，对新环境缺乏安全感的孩子无所适从，教师创造一个温柔以待的环境对新生来说就显得尤为重要。

故事中，张老师的爱是一种无形的力量，在推动着小泽，鼓励着他，让他勇敢地迈出进校门的那一步。老师的一个微笑，一句赞扬的话语，一个亲切的抚摸，都给予他一份从心底里产生的自信和安全感，他也坚守着自己对老师的那份承诺，其中也让他感受到在这个集体中的乐趣。老师要学会给孩子戴“高帽”，正如高林生所说：“教师要准备好一百顶高帽，让学生天天带着荣耀回家。”这样，孩子不但能爱这个集体，更会爱关心他的同学和老师。

本故事中，新上学的孩子不愿意进班是个例，但教育实践中，尊重教育是适合在学生中普遍应用的。张伟玲老师在尊重教育实践中，坚持尊重与激励的原则，自觉运用教育学和心理学原理，通过发喜报、帮交友等方式，改善小泽的课堂周边环境，让小泽有了安全感和认同感，逐渐使其从惧怕上学变得喜欢上学，并陪伴其走过了这段心路历程，最终让小泽以快乐幸福的心态成长。可以说，这个故事是一个很好的教育范例。

神奇的教室

小魏并不爱说话，上课也不愿意回答问题，但从小魏的作业看，书写干净、正确率也挺高。在一次练习检测后，我发现小魏的成绩竟然不及格。为什么会这样呢？我再仔细看练习纸，气不打一处来，原来大部分题他都空着没有写，而他写下的题目，几乎全部正确，这是态度问题呀！怎能不让人生气？我得与小魏好好谈一谈。

课余时间，我把小魏请到隔壁的一间走班教室，和他面对面地坐下后，我轻声询问："小魏，看到这练习，你有什么想对老师说的吗？"小魏攥紧练习纸，摇了摇头。看来此时小魏有一些抗拒心理。待他稳定一些后，我继续问道："如果你有哪里不懂的话，可以跟老师说说呀，老师会帮助你的。"谁知，小魏竟哭了出来："老师我不想学习了，新学的知识太难了。回家我一定会挨打的！"看来，小魏对学习已经缺乏了自信，这就能解释为什么近期小魏的课堂表现不积极了。我决定，一定要帮助小魏重拾自信。

当小魏心情平静了以后，我对他说："小魏，老师想问问你平时玩不玩手机游戏呀，有没有哪款游戏比较好玩，可以跟老师说说吗？""有，王者荣耀，我们班很多同学都玩。"看来，这个话题引起了小魏的兴趣。我继续问道："这个游戏难不难，你有没有打不过的时候？"

"当然有，有时候我连着输好几局呢！"

"那你在输掉游戏的时候有想过放弃吗？你是怎么做的？"

"我觉得输的时候只是自己发挥不好，下一次再玩，好好发挥，就会赢的。"

“老师也这么觉得，其实，这次你的练习测查虽然不及格，老师并不觉得是你不如其他同学聪明，老师觉得你这次只是没发挥好，对不对?”

“嗯。”小魏低头回答道。

“其实，这次练习就像是游戏中的一个考验，这次失败了没关系，小魏你有信心继续面对这个挑战吗?”

“有。”

“那我们就一起分析一下这个关卡，做到知己知彼。”

就这样，我和小魏在这间走班教室中一起为了“闯关”努力了一中午。

放学前，我对小魏说道：“老师觉得你今天中午特别努力，所以老师想再给你一次挑战关卡的机会，你想不想要?”

“想，这次我一定能做好。”

看来小魏已经有了一定的自信。“那我们就定在明天，老师会改变一些数据，看看小魏你这次努力的成果。”

第二天一大早，小魏就跑过来跟我说，自己努力了一晚上。就这样，小魏的下次练习检测，获得了良好等级。对于他的进步，我及时在班里进行了表扬：“小魏昨天跟我去了一间有魔力的走班教室，小魏在那间教室中努力学习，最终取得了巨大的进步。请同学们对他表示鼓励。”此时，小魏在同学们的掌声中开心地笑了。

我将两张练习卷钉在了一起，让小魏拿回家给家长签字，同时我也给家长编辑了一条短信：“小魏家长，孩子通过自己的努力，在这次练习中取得了巨大进步，希望您不要只计较一次的好坏，多多关注孩子的现在，多鼓励孩子，相信小魏一定能通过自己的努力变得越来越好。”家长看到短信后很快回复，感谢我对孩子的鼓励与帮助，并表示愿意和我配合。

就这样，我陪伴着小魏同学在这间神奇的教室里，一次次谈心，一次次做数学闯关游戏……在这间神奇的教室里，小魏同学逐渐找到了自信，也在一点一点地进步。看到小魏的不断进步，同学们都喜欢上了这间神奇的教室。同学们相信这间教室的魔力，可以带给他们学业上的进步；同学们喜欢这间教室的氛围，可以与老师自由地交流。从最初与小魏秘密交谈的那一天开始，这间神奇的教室每天中午向同学们开放，成为我和小伙伴最喜欢的“秘密基地”。

（王若愚　撰写）

【校长点评】

坚持并践行尊重教育理念，就要尊重儿童的主体地位、尊重儿童的个性特点和个性差异、遵循儿童身心发展的规律；就要为儿童的发展创造良好的学习环境并陪伴其慢慢成长。

本案例中，王老师针对小魏学习上出现的问题，从尊重他的原有认知基础和现有学习状态出发，通过创造积极的学习环境，保护孩子的自尊，并结合儿童的心理特点，利用数学游戏闯关的方法，激励他去勇敢面对学习中的困难，并保持积极进取的良好心态，从而取得了学习上的进步。王老师还把这一成功做法进行了推广，为所有需要帮助的学生提供了个性化的指导与帮助。越来越多的学生树立了自信，并进入良好的发展状态。王老师对尊重教育理念的深刻理解和自觉践行获得了一定的成功，值得老师们学习和借鉴。

站在合影最中间的孩子

阿喆是二年级二班的一个孩子，高高的个子，大大的眼睛，“安静”“好动”，看似矛盾的两个词语，却很好地概括了他的性格。平时，他总“喜欢”站在同学的“边儿上”，班里组织活动拍合影时，他往往站在最边上。

从 2016 年 3 月以实习生的身份来到学校开始，我就时常从其他老师口中听到关于这个孩子的故事。2016 年 9 月正式入职，缘分让我接手二年级二班，成为这个孩子的班主任。由于早有耳闻，从第一天开始，我就十分关注这个孩子。他不爱说话，经常沉浸在自己的世界里，在班里也没有朋友，但是，他又渴望有自己的朋友，所以总是通过送礼物去讨好其他同学。

他非常好动，小动作不断。“老师，阿喆又在吃手指……”“老师，阿喆又在抠眉毛……”于是，阿喆的眉毛秃了，阿喆大拇指鼓包了。

这其间，阿喆的妈妈也在不断地跟我沟通：“老师，这可怎么办啊？我为了治他抠眉毛的坏习惯把他的眉毛刮掉了……”“老师，我为了治阿喆咬手指的毛病，把他手指包起来了……”话语间，我听出了阿喆妈妈的无奈和不知所措。但结果却依然不尽如人意。

之后，我更加注意观察阿喆的一举一动，渐渐对孩子的在校表现有了比较深入的了解。我意识到：想要解决孩子外在的这些不正常的表现，得从内在找原因，千万不能“头疼医头，脚疼医脚”。于是，我和阿喆妈妈进行了多次电话沟通和面谈，了解了孩子的成长经历，原来这孩子由于先天原因和后天的影响，存在轻度的自闭问题。这或许就是根源所在，于是，我试着探寻方法。

阿喆虽然不爱说话，但是很爱干净。于是，在我的引导下，班里的同学选他做了卫生小组长。每到周一，组员们都由阿喆来分配卫生工作。阿喆成了集体中的“班级卫生小标兵”，他渐渐地感受到了自己的价值、同学的友好和集体的温暖。

经过一段时间与阿喆的接触，发现阿喆喜欢看关于国学的书，《三国演义》《水浒传》……所以，每次上课涉及古诗和国学方面的知识的时候，我都会让阿喆来回答，他从来没有让我失望过。这样，不只是班里其他孩子，就连我都成了他的“小迷妹”。课余时间，把阿喆叫到身边，拜托阿喆给我和围观的“小迷妹”和“小迷弟”讲历史故事。不仅如此，阿喆还鼓起勇气，站到了学校的大舞台上。学校组织“美文·美读”活动，阿喆和其他同学一起站在学校舞台中央，一副古装扮相，为全校师生吟诗，那恢弘的气势，完全看不出这曾是一个略有自闭的孩子的模样。

渐渐地，阿喆吃手指、抠眉毛的毛病减少了，自信心也日渐增强了。阿喆愿意与其他同学交往了，愿意和老师分享有趣的故事了，愿意积极主动地回答问题了，愿意参加集体活动了，甚至有的时候都会跟老师开玩笑恶作剧了。他不再“溜边儿”了，凡事都想往前冲，在全班一起合影时，阿喆主动站在了队伍的最中间。

一天，我将这张合影照片发给了阿喆的妈妈，他妈妈很快给我回复：“一次合影的位置，看似没什么，其实能证明很多，其中就证明孩子自信了许多，真的谢谢您孟老师！”“这是您平时对他鼓励的结果，看样子孩子有自信了！阿喆这孩子适合跟着您，阿喆真幸运！”……

阿喆的妈妈在她的朋友圈这样说：“热烈庆祝我不用再用数人数来确定，我家二宝在没在班级合影里了！”尊重孩子，体现在教师的一言一行中。这位妈妈说：“这个世界上唯一与您孩子没有血缘关系，却愿意因您孩子的进步而高兴，退步而着急，并满怀期待的人就是老师。尊重孩子的老师，就是尊重您孩子的未来。”

期末放假前夕的一天晚上，阿喆妈妈又发了这样一条信息：“现在的阿喆都是源于您的付出和爱。不陪在孩子们身边是不可能了解每个孩子的，不仅仅是学习。因为阿喆有了您，我的心放松了许多。另外希望您同时也照顾好自己，感觉您瘦了许多，比刚接班级那会憔悴了许多。晚上要早点睡，睡得好才有精神照看这些调皮气人的孩子们。有的信息不回复，也都能理解，留给自己点时间，特别希望您心情愉悦，依然漂漂亮亮。真的很喜欢很喜欢您，晚安!”

看着阿喆妈妈的理解与鼓励、赞美与期盼，阿喆一次次的变化就浮现在眼前。刹那间，自己有了一种做老师的成就感，似乎感到了教师的伟大，也坚定了我终身从教的决心。我希望自己将来能成为一架功能强大的望远镜，带领着孩子们看到更远处、更精彩的外部世界；同时，又希望自己是一架显微镜，帮助孩子们更深入地观察自己的内心，发现自己身上可能被忽略和掩盖的光芒，并引领和陪伴他们健康成长。

（孟宪洁　撰写）

【校长点评】

教育的最高艺术在于消除和淡化教师和学生之间的二元对立和角色区分，努力“让孩子忘掉自己在接受教育”，从而让教育真正成为“随风潜入夜，润物细无声”的灵魂与灵魂的碰撞，灵魂与灵魂的交融。这也是我校践行尊重教育的最高境界。

本故事中，孟老师针对轻度自闭的阿喆，投入了比别的孩子更多的关注、关心和爱护。她在认真调查研究的基础上，与家长密切合作，从让他担任卫生小组长入手，使其感受温暖，慢慢融入集体并增强自信。同时，充分利用阿喆“喜欢看《三国演义》等国学书”的爱好，扬其长，让他给大家讲历史故事，并引导他和同学们参与学校的“美文·美读”等展示活动。阿喆逐渐走出了自闭的状态，开始阳光起来，自信起来，开朗起来。在阿喆身上，我们看到了孟老师对学校倡导的尊重教育理念的深刻理解和真实行动，看到了她的爱心、耐心和责任心，看到了她“润物细无声”的教育光芒，读后让人感受到了尊重的力量。

欣欣不再哭了

《教育是温暖的》一书中，作者万平写道："没有天生的'问题儿童'……，种种原因，让一个孩子看上去可能与他的本来面目相差甚远，而这样的孩子，他们迫切需要的不是批评、指责、鄙视、抛弃、孤立，而是一种实实在在的有效帮助：给予一种力量，给予一种期待，点燃一个希望。"

欣欣，是我新接班的五年级的一名学生，她性格内向、孤僻，学习比较吃力，作业经常不交，跟同学们之间的关系也不是很融洽。

一次，欣欣到教室后不久就开始大哭，我听到后赶快走到她的身边。此时的欣欣已经哭得上气不接下气，身体也随之微微颤动，看到我之后，用极其委屈的眼神看着我，豆大的泪珠还在不断涌出。我轻轻地拍着欣欣的肩膀，跟她说："欣欣，先别哭，发生什么事，跟老师说说。"欣欣低着头，一边哭一边断断续续地说着："老师，我刚进教室，发现我的桌子被放到了后门口，我就想搬回来，但是他们就是不让。"我转过身向同学们问道："是谁搬过去的?"这个时候，经常调皮的两名男同学开始低下了头，我估摸着又是这两个熊孩子恶作剧。我就问他们："为什么要搬欣欣的桌子?"他们支支吾吾说不上来。这个时候班里的其他同学说："他们就是故意气欣欣的。"我把这三名同学叫到办公室，经常调皮的两名男同学的表情极其不自然，欣欣这个时候已经停止了抽泣。于是，我便问这两个男同学："你们搬桌子的目的是什么？是同学们说的故意为之吗?"他们俩低着头，其中一个男生主动说："老师，我们错了，下次不会再欺负欣欣了。"另外一个同学也跟着对欣欣说："对不起。"鉴于两位学生认错良好，并保证不再犯，而且我观察了欣欣，她也没有刚才那么激动了，就对两个调皮的男同学教育了一番。但是，这样的情况后来还是会出现，欣欣时常会哭鼻子。

接下来我该怎么做呢？如果长此以往，不管对欣欣还是对班级其他同学，都会产生一些负面的影响，整个班集体的班风、学风等建设会更加困难。我要如何帮助欣欣呢？张校长的一篇文章《如何发挥同伴在学生欺负干预中的作用》给了我思路。于是，我从创造班级环境、提供同伴支持、增强欣欣自信、开通家校合作等方面开始帮助欣欣。

我利用课间时间，对班级其他同学进行了访谈，想听听同学们眼中的欣欣是什么样子的。通过了解，我很诧异，很多同学都流露出不喜欢欣欣的想法，希望她离开这个班。小宇说："老师，我实在不想看到她了，天天不交作业，一收作业就一副委屈的样子，我看了实在忍受不了。"小涵的想法更消极，他说："一个班级好比一棵植物，如果有片叶子烂了，就要去除它，以防毁了整棵植物，可怜之人必有可恨之处。"这样的言论从一个孩子口中说出着实让我吃惊。但好在还是有一部分同学是包容欣欣的，愿意主动去帮助她、安慰她，还表示可以跟欣欣坐在一起。由此可见，创造良好的班级环境非常重要。于是，我给欣欣换了位置，第一桌，周围都是愿意包容她的同学，可以给予她鼓励和帮助。对于班里其他孩子的特殊看法，我开展了主题班会，通过观看影片《地球上的星星》，引导班级同学学会理解他人、帮助他人、关爱他人，并让每一位同学都来说一说你看到的欣欣都有哪些优点。"欣欣还是很大方的，很多时候借我东西。""欣欣很爱小动物，比较有爱心。"……欣欣听到自己有这么多的优点，脸上也露出了开心的笑容。与此同时，针对欣欣的学习，我还专门安排一位学习优秀并且愿意帮助她的同学跟她做同桌，让她们一起学习，相互帮助。课下，我也会找时间从汉字的书写、识记等方面帮助欣欣从基础开始补习。就这样，欣欣在遇到问题时，有了提供帮助的好伙伴；班里孩子恶作剧时，也会有人站出来帮助欣欣说话。

此外，结合我对欣欣整体情况的了解，我还制订了一个专门的家校合作帮扶计划。首先，我跟欣欣家里建立起了密切的联系，推荐欣欣看《三十五公斤的希望》，几乎每隔几天就与家长沟通欣欣在学校和家里的表现，我们紧密地站在了同一条战线上，用心观察孩子的变化。只要发现欣欣的一点进步，我就赶快跟她的家人分享，并一起给予肯定、鼓励和支持。

渐渐地，欣欣自信心增强了，作业能按时完成了，也开始大胆与同学们交流了，有时遇到问题，还会与其他同学讲理了，很少再听到她的哭声了。

一天，欣欣的妈妈给我发来微信："老师，孩子这段时间积极阳光多了，也自信了许多，看来开始长大了，我们都很欣慰，谢谢您老师!"看过微信，我想，这不正如万平老师所说的那样："教育，是从来就没有一条捷径的，是种树，是一种对儿童持续不断的扶持与忘我的漫长期待，是一种为了终极放飞而无比宽厚温暖的对童心的拥抱。"

作为班主任，从欣欣的变化与成长中，我深深地体会到，我们经常说要尊重每一个学生、关爱每一个学生，这不仅仅是理念，更重要的是教师的义务与责任。在我们践行理念和履行责任时，关键是不放弃每一个学生，尤其要及时关爱与耐心帮助像欣欣这样的弱势学生，只要我们为他们提供支持与帮助，及时地肯定与鼓励，为其创造一个安全、和谐的成长环境，相信必定会获得惊喜。

（杨博文　撰写）

【校长点评】

在真实的教育情境中，要真正践行好尊重教育理念，就要关注每一个学生的发展现状，尤其是要关注学生中的弱势群体，研究他们的成长问题，制订个性化的支持方案，并优化其成长环境，为其发展及时提供帮助，让他们在一个安全、和谐、向上的环境中自信地成长。

本案例中，针对欣欣爱哭的现象，杨老师经过调查研究发现，由于欣欣自身的不自信与懦弱，面对同伴的冷漠和恶作剧时，她常常以哭的形式来反抗同伴对她的不当行为。针对这一问题，杨老师从同学、欣欣、家长三方面同时入手，主动采取了对策。一方面，对全班学生进行教育，引导学生学会包容、理解和帮助；同时，引导欣欣发现自身问题，并帮欣欣调座位、交朋友，及时提供同伴支持，以增强其自信。另一方面，主动跟家长对接并进行有效沟通，家校合作制订帮扶计划，对欣欣的点滴进步予以及时、热情的肯定、表扬和鼓励，帮助欣欣消除自卑心理，逐渐树立自信，并能独立应对交往问题，日渐阳光起来。这一案例的成功给我们呈现了一个“不放弃每一个孩子”的真实写照。

这个字你写得很认真

记得一则寓言，在一个寒冷的冬日，太阳和风打赌：看谁能脱掉路人的棉衣。风鼓起嘴巴使劲地吹，可风刮得越厉害，路人把棉衣裹得越紧；而太阳呢，将暖暖的阳光洒在路人身上，感到温暖的路人不一会儿就脱掉了棉衣。小学阶段的孩子具有很强的向师性，在他们的眼中，老师的肯定就是行为评判的标准，就是学习乐趣和动力的来源，就是为之努力的方向。我愿做一束阳光，温暖孩子的心田，照亮孩子前行的方向。

在平时的教育教学中，看到孩子们的点滴进步，我都会由衷地为他们感到高兴，但也有一些孩子始终原地踏步，让我着急上火。班里有个男孩学习习惯不好，比如写作业字迹潦草、卷面不整洁，为了纠正这些问题，我苦口婆心地跟他讲道理，也没少批评他，可是他依旧我行我素，着实让我烦恼，也无计可施。

有天中午，他拿着作业本来找我批改，一看到他那擦得黑乎乎的作业本、潦草的字迹，我的无名火突起，忍不住想训斥他。可是转念一想，以前对他的批评总是收效甚微，是不是我的教育方式也有问题，何不换个方式呢？这时，我想到了心理学上的罗森塔尔效应，抱着试试看的态度，我努力地在他的本上搜索着，终于找到了一个写得比较认真的字，我指着这个字微笑着对他说：“你瞧，这个字你就写得非常认真，老师很喜欢，如果你能把字都写得这么认真，老师就特别开心。”他低下头看了看，有一丝兴奋又有些忐忑地问：“写成这样就可以了？”我坚定地对他点了点头，他顿时雀跃道：“那还不简单！”说着拿起本就要走。我摸了摸他的头说：“听这话，你很有信心哦，老师好期待，加油！”其实我内心也不确定这次的鼓励有没有作用，我就让他留在我旁边写。只见他写了几笔就用橡皮擦掉，写了擦，擦了写，始终不满意，看着他那噘起的嘴唇，我知道他想努力写好，想得到我的肯定，可是现在作业本已经擦得黑乎乎的了，他的眼中慢慢有了雾气，也开始有了一丝躁动。如果这时我无动于衷或大声呵斥，可能就会前功尽弃。于是，我俯下身轻轻地对他说："在每次下笔之前都要想好每一笔的位置，做到胸有成竹再写，尽量不用橡皮擦，这样你的作业本会看起来又干净又整齐。"他渐渐平静了下来，每次下笔之前都用手在空中先写一遍，每一笔都写得很用心，尽管那次他用了很长时间才写完，但书写明显有了很大进步。趁热打铁，我特意把他的作业放在了展示台上，并在全班同学面前进行了表扬，看到他脸上藏不住的笑容和明亮的眼神，我庆幸这次尝试初见成效。原来，我和他之间也不一定非得弄得剑拔弩张，除了寒风，我也可以做温暖的阳光。

第二天早上，我刚进教室，他就蹦蹦跳跳地来到我面前，兴高采烈地对我说："张老师，您猜猜我昨天的作业写得怎么样？"还没等我开口，他就迫不及待地打开了作业本，令人欣慰的是，这次的书写更认真了，本上那清秀的字迹与之前的简直判若两人，进步十分明显。看着眼巴巴求表扬的他，我故意夸张地张大了嘴巴、瞪大了眼睛对他说："这是你写的吗？我简直不敢相信自己的眼睛！"他顿时像得胜的将军一样兴奋地说："这真是我写的，我昨天写了一个小时呢，而且我只用橡皮擦了三次。"我由衷地对他竖起了大拇指："我就相信你一定能做到，你太厉害了！"

有了这两次的尝试后，我瞅准时机继续给他加油鼓劲，他也回报我更大的惊喜。有一次习作课，他写了整整一页纸的作文草稿，这真让人高兴，要知道他以前只写三两行，而且书写不认真、句子不通顺，这次作文能写这么多，至少说明他对作文感兴趣了，有表达的欲望了，是一个良好的开始。我深深地知道，平时看似满不在乎的他，其实内心也希望被别人肯定和关注，尤其是老师的肯定。我又一次感到庆幸，庆幸融化了彼此间的坚冰，庆幸自己没有扼杀一个孩子对学习的兴趣。

事后深思，当孩子们的表现不尽如人意时，我们会立马严厉地指出缺点不足，希望他们能及时改正，动机当然是好的，但是不容易达到预期的目的。为什么呢？如果太关注学生的缺点，每次的教育总是从缺点谈起，总是围绕缺点展开，从心理暗示的角度来讲，过多的重复是在不断强化学生对缺点的认知，容易引起禁果效应，就像孩子被告知上课不要走神反而容易走神一样。同时站在孩子的角度考虑，如果教师对孩子的教育多是疾风劲雨式的批评，那么孩子就会感到痛苦，就会越来越失去信心，甚至会破罐破摔。所以，教师要善于发现孩子身上的闪光点，引导他正视，进而欣赏自我，拉近彼此的距离，培养学习的兴趣，在此基础上，明确告知自己对他的期望，不仅学生会产生期望效应，形成良好的行为表现，教师也会从学生积极的行为变化中，获得教育成就感。这样坚持下去，必然会进入一个良性循环之中，必定会迎来师生的共同成长。

（张莉莉　撰写）

【校长点评】

心理学中有一个著名的罗森塔尔效应，讲的是1968年美国著名的心理学家罗森塔尔和L. 雅各布森到一所小学进行的实验。他们从该小学一到六年级各选了3个班，对学生进行了“未来发展趋势测验”。之后，罗森塔尔将一份“最有发展前途者”的名单交给了校长和老师，并一再叮嘱务必要保密以免影响实验结果的正确性。其实，名单上的学生是随机挑选的。8个月后，罗森塔尔对参与实验的学生进行复测，结果让人十分意外，凡是上了名单的学生，他们的成绩都有了较大进步，且性格活泼开朗、自信心强，求知欲旺盛，更乐于和别人打交道。这一效应给我们教育最大的启示是，教师对学生的适当表扬、鼓励和殷切希望能戏剧性地收到预期的教育效果。

本案例叙述了一个平时表现一般而在教师的肯定与鼓励下变得越来越优秀的孩子的故事。在对这个孩子的教育过程中，张莉莉老师受罗森塔尔效应的启发，从孩子写得特别认真的一个字开始，给他以肯定、表扬和鼓励，慢慢地使其在各方面发生改变，并像张老师期望的那样越来越优秀。

张老师教育的成功值得称道，也可喜可贺。

在真实的教育生活中，故事中的学生原型可以说比比皆是，由于得到不同的教育和影响，他们往往有着不同的发展轨迹和走向。作为教师，在面对一个个活泼可爱的孩子时，我们能否做一缕温暖阳光？能否静下心、慢下脚步，尊重学生成长的规律，以欣赏的目光看待孩子的发展，陪伴孩子一起成长？这些都是值得我们深思的重大问题，毕竟相对于教书，更重要的是立德树人！

鼓励孩子大胆质疑

在讲授“千克和克的认识”一课时，学生课前大多已提前做了预习，与此相关的生活经验也比较丰富，因此，学生们在课堂上表现得非常积极。在备课时我就预料到学生们对这部分内容非常感兴趣，这节课我设计了课堂动手操作学具的环节，一定会让学生更加活泼。

讲课中，按照教学设计，在讲解完千克和克之间的换算后，就该进入本节课的练习环节了，一个平时非常淘气的孩子突然问道：“老师，平时我们都用‘斤’这个单位你怎么不讲？这两个单位我们不需要用。”

这话怼得我措手不及，我刚想用“本节课只学习国际通用的质量单位”搪塞过去，又转念一想：“他此时提出这个问题，我得好好利用这个资源。”于是我稍稍提高音量对同学们说道：“他刚刚说的话你们听清了吗？谁赞同他的想法，请举手!”见没有同学举手，我赶紧补充了一句：“就老师而言，我非常认同，已经有‘斤’这个好用的单位了，为什么还要学习其他单位呢？这个问题问得好。”这时，学生纷纷举手都想回应。

接下来，我及时调整了教学环节。我先是通过一系列由于单位不统一造成的乌龙案例让学生明白国际单位制的重要性，如：我举了一个由于飞机的地勤人员将 kg 和磅两个单位弄混造成的空难事件，学生感触很深。随后组织学生分组进行实验，利用学具、生活中的常见物品探究我国常用单位“斤”与国际单位“千克和克”之间的关系。学生们兴奋地行动起来，有的用手掂一掂，有的借助台秤称一称，同组的学生相互交流生活经验。就这样，本节数学课热热闹闹地结束了。

下课铃声响起后，学生们依然沉浸在探究的乐趣中，课后还与同学们畅谈在实验中的发现，学生学习探究的积极性越发高涨起来。

这节课对学生生成问题引导的成功，也极大地增强了我推进数学课堂教学改革的信心。之后，我更加深刻理解学校所提出的“问题导学、少教多学、自主思学、合作互学”的尊重课堂改革要求，并结合小学数学的特点，在教学中尽可能从问题出发，一方面设计了不同程度的问题，采用启发教学的方式，引导学生开展探究学习、合作学习，另一方面对课堂上学生生成的问题应对策略进行了充分准备。在课堂教学中，我鼓励学生大胆提出问题，并以学生提出的问题，引导全班同学积极思考、发表看法、做出回应。这样一来，提问题的学生多了，大胆质疑的学生多了，善于思考的学生也多了，课堂的氛围也活跃了起来，学生从喜欢上数学课变成了喜欢学习数学。看到学生的变化和他们学习数学的浓厚兴趣，我也体验到了成就感。

从另一方面来想，本堂课恰恰是一节基于数学核心素养的真实课堂写照。我们不仅要关注学生对于书本知识的掌握情况，更应该关注学生能否运用多种数学思维去感知世界、洞察与分析世界，能否运用所学的数学知识、技能去解决生活中的实际问题。学生的应用意识和创新意识是数学课程培养的重点，想要达成这个目的，我们需要在课堂上着重培养学生的数感、符号意识、空间观念、几何直观、数据分析能力、运算能力、推理能力和模型思想，这些能力是促进数学课程学习和数学思想形成的原动力。只有在数学课堂中学生初步形成以上能力，他们才敢于发散自己的思维，敢于去提问并质疑。正像课堂中的小男孩一样，正是由于他已经初步具备了基本的数感、符号意识和推理能力，才敢于去质疑老师的讲解，敢于提出自己不同的看法。由此看来，我们常态化的教学目标就应该定位在培养学生的核心素养上，为达成这样的教学目标，就需要我们老师发挥自己的优势与智慧，精心设计有效的数学课堂活动，并明确每个活动的内容、主题和实施方法，有意识地主动培养学生发散性思维和大胆质疑的能力。

（王若愚　撰写）

【校长点评】

教学的实质就是教学生学，教是手段，学是目的，教是为了学，教要服务于学，教要促进学。在课改推进的过程中，我们要想取得理想的教学效果，首先就必须深刻理解教与学之间的关系，只有正确理解了教与学的关系，才能正确处理好教学中预设与生成的关系。我们常常倡导“以学定教”“以学为本”“学为中心”等理念，就是要纠正在课程教学中过于关注教师的“教”而忽视学生的“学”的现象。

在本课例中，王老师站在培养学生数学核心素养的高度，深刻理解教与学的关系，面对课堂上淘气学生提出意想不到的问题时，王老师给予了他充分的肯定，并及时抓住了学生课堂上生成的问题，因势利导，及时调整教学策略，开展分组探究学习，鼓励学生大胆质疑，激发了学生的数学学习兴趣与探究欲望，让学生获得了更多的知识与经验，取得了意想不到的教学效果。在王老师的课堂上，我们看到了学生学习主体的凸显与学习意义的建构。

有理由相信，只要王老师这样坚持教改，所教学生的创新思维能力一定会有更大的提升，肯学习、爱学习、会学习、敢质疑、勇创新也必将成为孩子们的优秀品质。

课堂上的口哨声

一次上课，正讲到“熔化”一词的时候，我听到了一个刺耳的口哨声，顺着声音我看到了小胡。旁边的同学说：“是小胡吹出来的，他上课总是用笔帽吹口哨。”我蹙了一下眉，讲课的兴致似乎突然消失了，像是广播里正在播放的一支优美的乐曲因停电而戛然而止一样令人不快。

教为主，还是学为主？这些讨论过的尊重教育理念，掠过心头。吹哨背后还有没有教育的资源？我静下心来想了几秒钟。

我看着小胡说：“小胡，请你起立，告诉同学们刚才老师讲到哪儿了？”小胡回答：“熔化，是指……”小胡说得一字不差，我感到了一阵小惊喜。小胡虽然发出声音干扰了大家，但他说的知识准确，这说明小胡认真听讲了，同时他的记忆力还特别好。于是我说：“请坐，你能坚持不出声音听课吗？”他微笑着点点头。我说：“好，老师相信你。”我继续讲课，但我会不时地看小胡几眼，在我播放完一个实验操作视频后，我特意问：“同学们，刚才你们观察到了什么呢，谁能告诉我？”教室里很安静，同学们你看看我，我看看你，此时小胡举手了：“我观察到了视频里温度计要等一会再读数，温度计读数的时候眼睛要对准刻度。”我不得不说小胡再一次震惊了我，我很意外他能看得如此仔细。同学们也向他投去了不一样的眼神，这眼神里我读到了小崇拜和小惊讶。我夸道：“小胡说得真棒，老师的提问是有难度的，小胡却说得特别准确，说明他看视频时认真仔细，也善于观察，这正是我们科学课上需要同学们具有的态度。老师今天课上收获特别大，发现了小胡两个优点，一是记忆力好，二是观察仔细。希望同学们都向他学习，让我们从科学的角度去观察事物，认真地上好每一节科学课。”小胡的脸上也洋溢出了不一样的笑容——阳光洒在他自信的小脸上，照得他的眼睛更明亮了。

下课后我喊来了小胡，问他吹哨打搅同学们上课的原因，他回答我说：“忽然想吹，就吹了。”我问他：“老师要是批评你，怎么办?”他的回答是：“习惯了。”这个词刺激了我，我想不能再批评他了。我笑着告诉他：“老师发现了你两个优点，以后还会发现你更多的优点。老师不相信别人说的，只相信自己看到的，只想认识一个科学课上的小胡而不是别人眼中的小胡，我想看到一个不一样的小胡，越来越好的小胡。”小胡依旧微笑着点点头，但是这次微笑和以前不太一样了。

自那以后，我再上课时，小胡的小眼睛没有离开过我，也再没有发出哨声，实验操作也是一板一眼，我看到了他的变化。随后的交流中，我告诉他，并不是只有吹口哨这种有争议的方法能获得关注，在更大的舞台上，凭借优异的表现，一样能获得关注乃至赞赏。看到他一天天地成长起来，我也感到一种说不出的高兴与成就感，这也使我更加关注他的表现，并不断肯定和鼓励他。慢慢地，小胡成了我们班上品学兼优的好学生，他还参加了学生会，参与一些校园活动的组织工作，他的积极表现也受到了学校的表彰。

（吴杨　撰写）

【校长点评】

师生结缘，师生关系一旦确立，老师就要包容所有学生有可能带来的正面的、负面的表现，不能凭借个人的喜好去对孩子施加带有主观色彩的评价。教育的目的就是让孩子一天天修正不足，一天天取得进步，并一步步健康成长。

本案例中，学生小胡用违反纪律的方式求得老师和同学们的关注，本身是一把双刃剑，有可能成功，也可能伤了自己。“好东西却用了一个坏包装”，用这种方式求得关注，让老师和同学们解读起来，却费了很大的气力，尤其是瞬间的解读，很容易出现误差。吴老师面对这种情况，她尊重学生的课堂表现差异，从学生异常的表现中挖掘其积极的一面，关注优点，修正观点，肯定鼓励，放大闪光点，这样慢慢地使小胡发生改变，变成了榜样，进而踏上了更大的表现舞台，不断走向优秀。当学生足够优秀的时候，课堂上的口哨声也就随之消失了。

尊重包容，和谐相处

学生上了初二，有了一些新的变化。青春期的悄悄降临，都释放在外在的言行上了。

课间，几个小伙儿分组篮球比赛。“盖帽”没有碰到球，却实实在在盖到了对方的头上，“三步上篮”遭到了对手的重创，对手之间怒目而斥，脸红脖子粗，更有甚者，举起了拳头。

课堂上，学生回答问题的踊跃程度已经比过去差一截儿了，一名男生答错了问题，在同学和老师那里丢了面子，本来已经是坐立不安，却引来几个同学不怀好意的哄堂大笑。这些笑声，让人觉得怪怪的，那个被嘲笑的同学狠狠地瞅了他们一眼。

青春期，孩子们的个头长高了，力量增长了，更帅更靓了，多余的枝杈也到了需要修剪的时候了。

为解决这些问题，我结合学校尊重进阶课程的实施，专门设计了一节主题班会，目的就是要引导学生学会与人和谐相处，消减身边的是是非非，力图把小事儿引起大事儿的导火索熄灭了。

为开好这次班会，我提前制作了一段展现班级学生文明行为的视频短片。班会开始了，我先让全班同学看视频，大家看到有的同学打饭时文明排队、上下楼梯自觉礼让；有的同学遇到老师礼貌问候、借阅图书之后有序码放。接着，我抛出了问题：“律己”是如何养成的？一个同学站起来说：“在老师的引导下，通过自己的努力坚持养成的。”另一个同学说：“通过其他同学的影响，向班干部、小组长学习而养成的。”还有的说：“学习中学生守则和行为规范，每个同学就应该这么做。”……

看来大家都有自己的观点。这时，我把班内出现的“不相互尊重和包容”现象的调查问卷数据呈现给大家，并引发了同学们的思考。接着我问：“面对冲突，如果不相互尊重与包容，会有什么后果呢?”随即，我播放一段火锅店伤人事件的视频，引发了学生的热烈讨论。经过讨论，大家认为，顾客没有原谅服务员的怠慢，服务员没有包容顾客的奚落，“都是‘不恕’惹的祸”。

“那么，如何避免此类事件发生呢?”我继续追问。有的小组代表起来发言说：“在人与人之间的交往中，我们必须学会尊重他人，学会换位思考，去理解和包容对方的‘不当言行’。”另一组则说：“当真正遇到冲突与矛盾时，要学会采取宽容的态度和温和的应对策略处理问题，而不是采取粗鲁的、极端的问题解决方式，否则，就有可能导致意外事件发生，并产生不可挽回的后果。”还有的组说：“在社会生活中，一句恶言恶语，一种不友善的态度，有可能造成危害生命的后果。”

接下来，我带领同学们又观看了一段名为《微笑》的公益广告视频。在低沉的大提琴配乐背景下，两位西装革履的年轻人撞到了一起，手中的文件撒落一地；医院停车场里，终于等到一个空位要停车时，被一辆小轿车给抢先了；餐厅就餐时，一位女士的手提包将热咖啡碰倒，洒了男顾客一身；游乐场的滑梯上，还没等前面的小朋友从滑梯底端站起来，另一个小男孩已经滑了下来，鞋子刚好踢在前面小朋友的后背上。播放到这里，我按下暂停，给同学们提出问题，请大家思考接下来会发生什么？学生们分组讨论后，各组发表了他们的预测。大家预测到，撞到一起的两个年轻人有可能接下来会打起来，也有可能会道歉后各自走开；被占了车位的司机强硬要求对方让车位；两个小孩可能会打作一团，也有可能没当回事，继续一块儿玩；被洒了热咖啡的男士有可能会骂那个打翻他咖啡的女士。就在大家讨论究竟会发生什么的时候，我又继续播放视频。大家看到，年轻人相视一笑、握手言和，捡起文件的同时，又结交了一位工作伙伴；被抢了车位的长者原本满脸怒气，结果发现小轿车上下来了一个即将临盆的孕妇，瞬时报以宽容的微笑，还帮忙搬运行李箱；两个撞在一起的小朋友一个说“对不起”，另一个则说“没关系”，俩人一会儿玩了起来；碰倒咖啡杯的女士说：“先生，真对不起，把您衣服弄脏了，我来帮您擦一下吧！”这时那位先生则说：“没关系，没关系！”

看完视频，有些场景出乎同学们的预料，同学们四人一组开展了“如何尊重和宽容他人”的讨论。经过讨论，各组总结道：平时要学会礼貌待人，尊重他人，一旦遇到矛盾冲突，首先要保持头脑冷静、心态平和，用宽容的心态应对冲突。主动向对方示好，若是自己存在不当言行应主动诚恳致歉，比如说对不起等，若是对方的不当，切不可“得理不饶人”。其次要主动沟通、和谐协商、妥协谦让。接着，同学们集思广益，共同绘制出解决冲突或矛盾的应对策略。

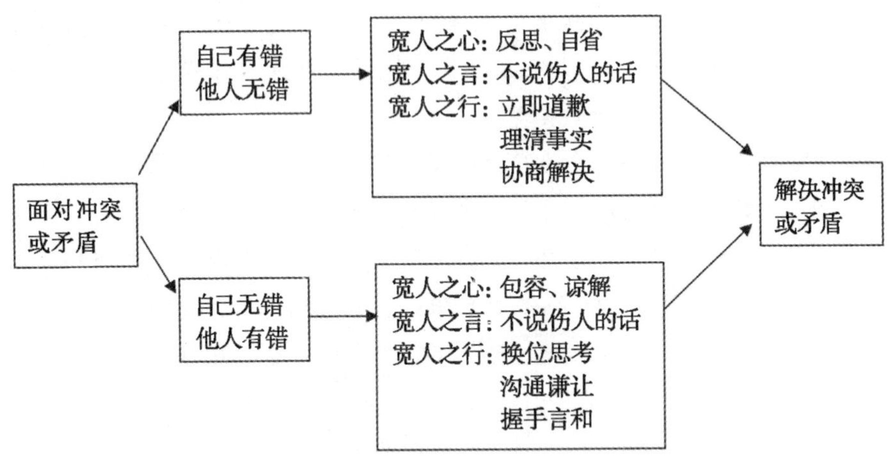

自这次班会后，班里的气氛好多了，类似的冲突也少了。还有的同学告诉我，在公交车上、社区里，遇到一些突发情况，他们冷静分析，理智化解矛盾，化干戈为玉帛。

为进一步巩固教育成果，我又设计召开了“冲突情景下的应对策略”的主题班会。此外，我还结合学校举行的读书节、科技艺术节、体育节、运动会、社团活动，以及综合社会实践活动等，让同学们在活动的参与中践行策略，学会互尊互助、和谐相处。我还把“尊重、包容、互助”等优秀品质纳入班级多元之星的评选之中，在班里树立这方面的榜样，并发挥学生身边榜样的力量，积极向全班同学传递正能量。经过一学期的努力，班级再没有发生类似的问题，“团结、互助、上进、和谐”的班风也悄然而生。

（白茹　撰写）

【校长点评】

北京教科院丰台学校秉持尊重教育的办学理念，从“尊重自我、尊重他人、尊重社会和尊重自然”的维度，积极构建了德育一体化的尊重进阶课程，并利用主题班会、道德与法治课、社会实践活动和学科育人等渠道，落实“立德树人”根本任务，着力推进“培养‘尊道敬学、立己达人’阳光学子”育人目标的实现。

本案例中，白老师从本班学生的实际出发，针对学生青春期出现的问题，利用主题班会时间，设计并推进尊重进阶课程的主题课程实施，不失时机地对学生进行“学会尊重与包容，学会和谐相处”及“矛盾与冲突的应对策略”的主题教育。在这一过程中，白老师充分发挥了学生的主体作用，引导学生集体讨论，形成共识，制定规则，并不断践行。同时，将“尊重、包容、互助”等优秀品质纳入班级多元之星评选内容，树立学生身边的榜样，发挥榜样示范引领作用，不断向学生传递正能量，使班级逐渐形成了“团结、互助、和谐、上进”的良好班风。白老师这种一切从实际问题出发，探究解决问题策略，为学生成长营造良好环境的行动为老师们做出了榜样。

爱散打的姑娘

由于刚参加工作，缺乏教育教学经验，因此，我一方面向有经验的教师学习，认真研究课标，精心设计备课；另一方面，自己用心实践，在问题的解决中不断积累经验。入职一年多了，在数不清的师生沟通中，与学生小怡的交流给我留下了很深的印象，也让我真正体会到尊重教育的重要性与积极影响。

小怡是一位练习散打的姑娘，骨子里透着一股坚强与不服输，这也导致她遇到困难与问题时不愿意求助他人而是自己扛。由于散打训练占用了她大量的课余时间，上课状态也很受影响，她的学业成绩就很不理想。看着她懒散的学习状态，我一直琢磨着，如何才能让她做出改变呢?

一天，七年级二班的第一节是我的数学课，所有人都精神抖擞，唯有小怡无精打采地趴在桌子上。我有点恼火，就叫小怡站起来回答问题。“我……我不会……”看着她茫然的表情，我也很无奈，只好让她先坐下。

下课后，我把她叫到办公室并问她：“老师看你最近上课状态很不好，有什么不开心的事情吗?”她不说话，但看得出来，她身体不太舒服。“老师带你去找校医看看吧!”小怡匆忙地躲了一下：“不不不，老师我没事!”刚开学，我们之间缺乏沟通与了解，还没有建立信任，她的“不想多说”我完全可以理解，但是直到她难受地瘫坐在办公室门口时，我想事情就没那么简单了。

班主任老师着急去上课，我作为一名班本团队的老师，及时顶上去接着处理此事。班里的同学们都去上体育课了，我将她扶到教室的座位上，我们坐在前后桌，像朋友一样进行了第一次心贴心的平等交流。

我拿来些她爱吃的零食，看她状态稳定一些了，就关心地问她："能跟老师说一说，你到底哪里不舒服吗?"她犹豫了一会，小声地说："老师，我告诉你，你不要告诉其他老师和我父母，好吗?"我答应了她。"我昨天练习散打时没有带护具，头被撞了一下，一直很头晕。我不想让别人知道我受伤，要不妈妈就不让我练了。"听到这一情况，我先是一惊，就劝她跟我一起去了医务室。医务室大夫说没有大碍，我这才放心。我想，一个 12 岁的小姑娘受伤了还要咬牙坚持训练，真的够坚强的。这时，我很庆幸上课时没有鲁莽地直接批评她，而是选择了课下沟通，给予了她起码的尊重。我跟她说："孩子，你很坚强也很有毅力，真棒！但是你在练习时一定要做好安全防护措施，一定要学会保护自己！如果受伤了就要告知老师或父母及时处理，隐瞒伤情并不是明智之举，会为以后留下很大的隐患。"近半多小时的沟通与交流，她讲了自己有趣的故事，同时我也分享了很多我小时候的奇闻趣事，明显感觉到她爱说了，对我也信任了许多。

我们从医务室出来，小怡对我说："老师，我从小数学学得就不好，我不喜欢学数学，小学的数学老师只喜欢那些学习好的学生，总会批评我。每天都罚我抄概念，我最讨厌数学课了!"

我心平气和地告诉她："小怡，小学老师让你抄概念真正的目的是让你理解并学会这个知识点，是为了能让你进步。小学的成绩已经过去了，刚刚进入初中，这又是一个新的开始，你要对自己有信心！上课提高效率，有什么不会的随时可以来问老师，我们一起努力学好数学，老师相信你！生活上遇到问题也可以来找我，我们一起想办法。"小怡看着我，若有所思地点了点头。

一天，语文老师告诉我，她给学生布置了一篇《我的好朋友》作文，学生小怡写的是我，我还有点不信，语文老师就把小怡的作文拿给了我，我看到了以下这段稚嫩的文字。

她是我今年才交到的好朋友，你想知道她是谁吗？就让我来告诉你，她就是我的数学老师，是不是很惊讶？我的数学老师就是我交到的一个最特殊的朋友。我们数学老师上课时不像小学老师那样死板，她的课上得很轻松，有时候还很幽默。小学时的数学老师只偏向学习好的同学，而赵老师就明显的不一样，赵老师对我们每个人都一视同仁，一样的关心……

还记得她在写之前来办公室找我，问："老师，语文老师让我们写一篇作文《我的好朋友》，我可以写您吗?"我当时以为她只是说说，我想她好朋友那么多，怎么会写我这个老师呢？于是，我就随口应付了一下。当看到这段文字时，我真的感动了。

现在的数学课上，小怡的上课状态不再像以往那样懒懒散散了，精力也集中了许多，虽然成绩依然不够理想，但慢慢地也有了一点进步。我看到了她对学习数学的期待，看到了她的努力，看到了她对我的尊重与喜欢。现在学习了几何，我意外发现小怡的空间想象能力格外好，她对数学学习也越来越有信心了。我和小怡的一次对话，偶尔发现了她的受伤，我不经意地关心了一下，她却向我敞开心扉，无话不谈，深度交流。这使得我们间意外地产生了"小缘分"，也重燃了她对数学学习的热情，建立了良好的师生友情，我们都收获了一个与众不同的"好朋友"!

作为教师，我们应如何与学生进行有效沟通，进而实现对其发展的引领呢？通过这个事件，我有了如下的思考。一是用尊重架起心桥。作为教师，我们联系最多、沟通最多的就是学生。我们与学生沟通，就要做到互相尊重，只有心贴心，不设防，零距离，才能走进学生内心，获得有效的沟通。就像我和小怡交流时坐在前后桌，才能更平等，更像朋友一样聊天。我尊重她，在不了解情况时，我没有当着全班同学跟她发脾气，而是走近她、关心她，她才慢慢地愿意敞开心扉跟我说心里话。二是尊重差异，肯定鼓励。在沟通中，学生提到不喜欢老师的"不平等对待"，其实是对尊重的一种渴望。每个学生都有自己的闪光点，有的擅长代数，有的擅长几何，有的对数字的规律敏感，有的空间想象力极强，这些亮点都需要教师通过多次沟通与观察去发现，并帮助其发挥出来。尊重、爱护每一个学生，与学生进行真诚的沟通，并发自内心地关心其成长，学生才能亲其师、信其道，才能释放出学习的热情和无限的发展动力。

用尊重搭建我们与学生之间的心灵桥梁，并以此为路径，营造师生间和谐与信任的“友情”关系，这需要我们教师不断努力实践并为之奋斗。这样我们才能更好地引领学生走得更远，飞得更高。

（赵玮　撰写）

【校长点评】

对于教师来说，“尊重”不能仅挂在嘴边，更重要的是体现在教师的言行和育人行动的细节之中。

本案例中，面对学生出现消极的学习情绪与状态，赵老师拉近了师生间的心理距离，并了解到学生出现问题的真正原因。于是，她运用平等的沟通方式，给予学生充分的空间与尊重。通过沟通交流，赵老师敏锐捕捉到学生对小学老师“不平等对待”的敏感并给予其及时的正确引导，在而后的日常学习中，及时发现学生学科学习的长处并进行不断肯定与鼓励，从而激发了学生的学习信心和自主发展的自信。正如赵老师文中写到的那样，尊重、爱护每一个学生，与学生进行真诚的沟通，并发自内心地关心其成长，学生才能亲其师、信其道，才能释放出学习的热情和无限的发展动力。

第三辑　尊重需求与兴趣的力量

让学生爱上阅读

开学第二年，我们结束了借址办学正式迁入新校舍。开学初，学校对中小学起始年级的阅读情况进行了一次调研，学生的古诗文阅读兴趣为31%，名著阅读兴趣为15%；采用批注阅读的学生仅为23%，做摘抄笔记、写读书心得的学生只有7%。大多数学生的阅读量不足且学生阅读能力的差异较大。

为了促进学生阅读素养的提升，让学生爱上阅读，我们决定实施语文分级阅读项目。我们从阅读能力和阅读倾向两个维度，开始了语文分级阅读体系的构建和学生喜爱的分级阅读活动的研究与设计：将阅读能力分为阅读检索、阅读理解、阅读评赏、阅读运用和阅读质疑解析等五种能力，将阅读倾向分为阅读兴趣、阅读态度、阅读乐趣、阅读情感和价值观，初步建构了阅读素养的基本框架。在此基础上，我们依据国家义务教育语文课程标准，整体思考和构建了学校语文分级阅读体系。

为推动我校语文分级阅读项目的实施，我们依据《北京市新中考改革方案》，结合我校语文教学实际，制定了《北京教科院丰台学校语文分级阅读实施纲要》。此纲要从语文分级阅读改革的指导思想、九年语文分级阅读的目标、分级阅读的主要内容、分级阅读实施及分级阅读的评价标准等五方面进行阐述，引导教师科学、有效地开展语文分级阅读工作。与此同时，组织教师研制了一至九年级分级阅读的古诗文和名著书目清单。如，一年级阅读古诗有《江南》《长歌行》《敕勒歌》《咏鹅》等15首，阅读名著有《爱心树》《梦的守护者》《月亮的味道》《一千零一夜》等15部；六年级阅读古诗有《咏柳》《所见》《鹿柴》等28首，阅读名著有《假如给我三天光明》《狼王梦》《女儿的故事》《繁星·春水》等15部；九年级阅读古诗文有《满江红》《论语》《曹刿论战》《出师表》等15篇，阅读名著有《三国演义》《儒林外史》《契诃夫短篇小说选》《白洋淀纪事》等10部。

此外，我们还组织语文教师研制了各年级学生古诗文及名著阅读能力达标图谱。图谱分为五级，即：认读感知—推理解释—鉴赏评价—质疑探究—拓展应用。每个层级根据具体内容，按照从高到低的标准分为甲乙丙三个等级。如，甲等，批判赏析文本中蕴涵的民族心理和时代精神，加深对人类社会生活和情感世界的认识和思考；乙等，批判赏析课内外文本的思想内容、结构安排和语言表达；丙等，对所积累的内容有自己的评价。

依据上述语文分级阅读书目及能力达标图谱，各年级、各班级陆续开展了一系列分级阅读活动。

首先，我们开展了班级特色阅读活动。如，二年（2）班开展的班级特色阅读活动分两个阶段进行。第一阶段开展“自主读，合作读”的阅读活动。9月开学伊始，北京青年报主办的“圆桌图书角”第二批图书进入班级。班主任借此举办“月朗风清，书香涵育”主题班会，组织开展“自主读，合作读”的阅读活动。两个月时间里，21个孩子共读书186本，人均阅读量为8.86本。“自主读，合作读”期间，主要采用阅读单（内容包含必读书目、选读书目、统计阅读量）、图书交换、阅读分享等方式对孩子课外阅读情况进行反馈。第二阶段开展“同读共享，浸润成长”活动，旨在让孩子共读一本书，分享不同感想。在“给任务、给时间、给方法”的前提下，采用编书目、编写记录单、同读自测题、同读小报、速读、精读等方式开展。期末，教师、家长与21名同学共同选定了班名、班训、班徽，其创意来自孩子们共读的《安徒生童话》的“白天鹅”意象和《史记》中“鸿鹄”意象，取其“鸿鹄高翔九云天”之意。学生升入三年级后借助“一米阅读”平台，选取适合中年级孩子阅读的书目，教师在导读课上介绍内容，在阅读汇报课上采用“3—2—1”策略，引导学生写出三点收获，两点创新，一幅思维导图，总结所得。

通过活动的开展，我们发现学生的识字量、阅读速度有了明显提升，对文本的理解能力正在悄然形成。小袁同学先后阅读了《城南旧事》《格林童话》《没头脑和不高兴》《我要做好孩子》等17本书；小文同学先后阅读了《格林童话》《海底两万里》《爱的教育》《昆虫记》等29本。他们不仅阅读的篇目多、字数多，而且养成了用勾画、批注等方式记录其阅读、思考的良好习惯，读思结合成为常态。

二年（2）班的班级特色阅读活动深受学生喜爱、家长认可。孩子们通过每一天的阅读，也逐渐养成了良好的阅读习惯，促进了学生阅读素养的提升。随后，我们将二年（2）班的特色阅读活动推而广之，在一至四年级全面推进整本书阅读活动。阅读活动推进中，我们组织教师进一步研究，厘清各年级分级阅读的层次，结合学生年龄特点和认知水平确定更加适宜的阅读书目，并关注各年级之间的衔接，体现出了阅读的层次性和进阶性。

其次，我们开展了全校范围的系列阅读实践活动。如：组织教师在语文教学中开展了每日“一文一得”活动。小学语文教师利用“一米阅读”“小黑板”等软件辅助开展分级阅读，每天推送名著阅读和诗文诵读的任务，并且通过课后设计的问题来实现阅读的反馈与评价。初中语文教师每天推送学生阅读名著的一个章节，学生做摘抄笔记，写读后体会，教师给予等级评价。除了每天的分级阅读外，为进一步激发学生的阅读兴趣并保持这一兴趣，语文组教师还先后开展了一系列学生喜闻乐见的语文阅读活动，如：一年级开展的“智闯文字王国”；二年级的“识字大比拼”；七年级的“笠翁对韵我能行”；八年级的“名著阅读——孙悟空之我见辩论赛”，以及各年级分层开展的“趣读美评读书分享会”“诗词流韵朗诵会”“悦享经典，礼敬先贤——论语心得交流会”“最美中国梦，筑梦新时代”等一系列语文阅读实践活动。世界读书日之际，全校师生还共同开展了“美文美诵”阅读实践活动。6岁的一年级学生，九年级的大哥哥大姐姐，学校领导和全体教师都登台诵读美文。每次活动老师们都按照图谱来给学生的阅读水平评定等级，并及时颁发等级证书，既激发了学生阅读的兴趣，又促进了学生阅读素养的提升。

两年多的语文分级阅读实践使越来越多的学生喜欢上了阅读，经测查发现，学生古诗文阅读的兴趣由原来的31%提升到80%；名著阅读兴趣由原来的15%上升到65%。采用批注阅读的学生由23%上升为85%；做摘抄笔记、写读书心得的学生由7%上升为79%。与此同时，教师教学水平也有了显著提升，这主要体现在教师的教学目标更加清晰，教学方法更加丰富多样，教学评价更加多元，教学效果日益显著。阅读给师生带来的成就感和幸福感与日俱增。

未来，在语文分级阅读方面，我们将围绕“跨年段、跨学科的衔接，完善年段贯通、学科融通的分级阅读体系和加强非连续性文本的阅读，提高学生文本理解能力”等方面持续推进，我们坚信，分级阅读的持续开展与研究必定会进一步促进学生阅读素养的更大提升。

（崔彦梅　撰写）

【校长点评】

著名教育家朱永新曾这样论述阅读：“一个人的精神发育历程是整个人类精神发育历程的缩影，每一个个体在精神成长过程中，都要重复祖先经历的过程，这一重复，是要通过阅读来实现的。”“通过阅读我们不一定变得更加富有，但我们一定可以变得更加智慧；通过阅读我们不一定能改变我们的长相，但一定可以改变我们的品位和气质；通过阅读我们不一定能延长我们生命的长度，但一定可以改变我们生命的宽度；通过阅读，我们可以在有限的生命中欣赏无限的美景，体验精彩人生；通过阅读，我们不一定能实现我们的人生梦想，但一定可以帮助我们，更接近我们的人生梦想。”

学生的学习和成长都需要营养，而阅读又是学生获取营养的重要途径。因此，提升学生的阅读素养，让学生爱阅读，会阅读，多阅读，使他们可以借助主动的阅读自发地获取营养，不断地丰富其精神世界。学校语文老师系统地设计并实施的分级阅读活动，已取得了很好的成效。今后，希望继续聚焦“阅读素养提升”，邀请更多的家长参与其中，期待形成全方位亲子共读、师生共读的大好局面，并助推学生走向更加美好的人生。

从“心语” 到“微写作”

刚参加工作，我就接手了学校首次招生的小学一年级学生，并执教两个班的语文课。在开展语文识字教学的同时，为学以致用，我便设计并开展了写“心语”的活动，即要求学生简单写几句话，记录自己一天的感受或在校园内的难忘回忆。

开始，学生的积极性很高，在“心语”中表达了各种各样的心情和体验，内容很丰富，也挺有意思。可是时间一久，有的学生就缺乏了激情。这时，我增加了一个新的规则，开始为孩子的“心语”设定话题，我设定的话题从“你认为妈妈爱你吗？你从哪儿看出来的？”到“你最喜欢家里的谁？为什么？”“你认为班主任爱你吗？为什么？”。孩子们从之前的寥寥几句“写话”变成了一大段的“微写作”，写出了很多感人的段落，比如“我的妈妈很爱我，因为妈妈对我很严厉，要求很高。妈妈平时很少夸奖我，但我知道妈妈是爱我的，我要更努力，不让妈妈失望”。这样一来，“心语”陆续出现了一篇篇非常感人的小文章。

为加强亲子间的沟通，我还通过微信告诉诸位家长我们正在开展的“心语”活动，许多家长在看过孩子写的内容后给我发来了感谢的信息。家长们因为缺少时间，很少有机会和孩子进行这么有效的沟通，通过“心语”活动他们走进孩子们的内心。家长们的积极参与，赋予了写“心语”活动更多的意义，也进一步推动了活动的开展。

后来，我开始扩大“心语”活动的效能，在新年来临之前，我设计了“带着爱回家过年”的小活动。我让学生根据学号的顺序，轮流给班级中的一个同学写一封信，信中写自己想对他说的话，或者是美好的祝愿，同时我和这位孩子的家长也准备一封信，到了元旦活动时，把这些信集中放到一个信封里，让每一个孩子带回家。在准备这个活动时，孩子们不仅学会了很多生字，还学会了标点符号的基本用法以及书信的标准格式。除了这些，孩子们也收获了很多感动，如，班里有个孩子因为身体情况一直不能参加体育活动，有的孩子就在给他的信中写了“希望你的脚能快点好起来，我们要一起玩啊”的寄语。家长们也纷纷参与到这项活动中来，并为孩子准备了人生中的第一封“家书”，有的家长为很少夸奖孩子感到惭愧，有的家长感慨孩子是心中的“小太阳”。看着家长们信中诚恳的内容和真挚情感的表达，我对他们的家庭教育环境有了更深的了解，同时，也加深了我和家长之间的情谊，并促进了我们的有效合作。

通过这样一系列活动的开展，孩子们逐渐对写作产生了浓厚的兴趣，他们慢慢开始自发地写“心语”、写体会、写感受，定期给老师和爸爸妈妈写信，有的还写起了日记。对此我也顺其自然，并没有给孩子提出写多少的要求，每过一段时间，我就在班里开展一次展示活动，孩子们个个跃跃欲试，争先恐后上台展示，生怕自己落在后面。每一次展示后，孩子们写作的积极性就会更高。随着时间的推移，孩子们的写作水平得到了很大提升，班级中同学间的关系、家庭中每个成员之间的感情也更加密切与和谐起来。每每看到这些变化，我就会感到特别有成就感，这也更加坚定了我继续开展学生写作改革的信心，同时，我对这些可爱的孩子们也有了更多、更高的期待。

（张婷瑶　撰写）

【校长点评】

清朝唐彪在《读书作文谱》中有云：“读十篇，不如做一篇。”强调的就是平时写作训练的重要性，写作训练是掌握写作方法和技巧的重要途径，是提高学生写作能力的主要方法。在写作教学中，教师应该不断丰富学生的生活体验，采取灵活多样的写作训练方式，为学生的自主写作提供有利条件和广阔空间，减少对学生写作的束缚，鼓励学生自由和有创意地表达。

本案例中，张婷瑶老师通过让孩子写“心语”、为“心语”设定话题、“带着爱回家过年”、给孩子们写信、“微写作”展示等一系列活动的开展，引导学生在生活的感知中积累经验、拓宽知识，为其灵感的触发和文思的活跃提供了丰富的生活体验。张老师的写作教学实践过程，很好地尊重了小学生的身心发展规律，尊重了写作教学的规律，尊重了学生的需要、动机与兴趣，让学生处在兴奋的情绪之中。从“心语”到“微写作”，让学生写自己的生活，解决了“有话说”的问题，给孩子设立话题解决了“写什么”的难题，给孩子设立沟通、展示平台解决了“有激励”的问题。张老师持续开展的“微写作”系列活动，不但使学生、家长、老师在互动中感受着写作带来的乐趣，而且也促进了学生写作水平的提高，同时还加强了家校间的有效沟通与合作，为孩子们的健康成长创造了良好的家校环境。

实验探究激发学习动机

为激发学生学习生物的动机，我引领学生开展了一系列生物实验探究活动。

一开始，我先带领生物兴趣小组的学生进行自制酸奶的实验探究。在做好实验探究前的各项准备后，让他们按规定步骤去完成简单的操作过程，并要求每一个学生对实验进行观察，看会发生什么变化。两天过后，同学们发现之前明明是很稀的牛奶变成了浓稠的酸奶。这时，大家惊呆了，竟然有同学问我是什么时候偷换成酸奶的，他们品尝了自己动手制作的酸奶之后，每个人的脸上都浮现出了成功的喜悦。

“老师，这是怎么回事?”一个学生突然问。其他学生都表现出好奇的眼神，那种求知的欲望自然流露。一个学生说：“我家里就是这样做的。”我问道：“为什么会有这样的变化呢，能用生物学知识解释吗?”大家都不做声。这个实验与生活联系紧密，道理似乎很简单，可是学生就是说不出来，我知道时机到了：“你们看看书吧。”我把酸奶发酵的基本原理让学生先看，再细致地讲解。“原来我们的书上还有这些。”“老师，还有类似这样的东西吗?”我给予了肯定的回答，并让他们回去自己好好看书，找出自己想学的知识。

一天，我让几个同学在课上讲述了制作酸奶的过程和发酵的基本原理，并在班内及时给予表扬，这使得这些同学在全班同学面前有了一种成功的满足感，就是这种满足感促使着他们探究学习。而那些平时不参加生物兴趣小组的同学，对生物学知识也产生了浓厚的兴趣，感觉到了与同学之间的差距，并产生了一种潜在的学习动机。

接下来，我又引领学生去开展淀粉制作酒精的实验。学生们都好奇为什么淀粉能变酒精。有了第一次做探究实验的经历，大多数学生学会了查阅资料的方法，一开始，有的学生就自己动手看书查资料了，尽管这次看书和查阅资料有一定的难度，但已不像当初那样害怕学习困难了。有学生提出疑问，含淀粉较多的原料能不能通过发酵制成酒精呢？我没有直接答复，而是组织学生集体设计实验。这个实验涉及近二十种原材料，兴趣小组人员有限，不可能在短期内完成，所以吸纳更多的学生一起进行实验，小组的规模不断地壮大起来。根据实验设计，学生分小组进行实验，选举小组长，并拟订各组的实验计划和规定。同学之间分工合作，大约一个月的时间，最终很好地完成了实验。大家通过品尝自己酿造的劳动成果，产生了强烈的成就感。在实验过程中，不但锻炼了每一个学生的实验动手能力，激发其专业学习兴趣，更重要的是培养了学生的责任心和团结协作能力，这是一个意外的收获。

新的问题又来了，“老师，外面卖的葡萄酒为什么没有我们自己做得好喝?”“老师，怎样才能把葡萄酒发酵得更好呢?”。我还是把问题交给学生。他们通过网络、电话和请教家长等方式不断地得出具体的答案。有个家长电话向我反映：“我的孩子现在还是喜欢上网，可不再聊天玩游戏了，开始查阅一些资料，并主动和家长沟通，向家长介绍酒的制作过程，比如为什么叫‘二锅头’，和家长讨论相关的知识，连孩子性格都变得开朗了。”这类实验增强了学生与家长、学生与老师、家长与学校的三方面沟通，促进了家校协作，这又是一个意外的收获。

这些与实际生活非常贴近的实验能够不断地吸引学生，在动手与动脑之中，培养了学生由行到知的能力。学生主动发现生物学中的问题，并开始设计实验解决问题，这样，每一个激发过程之后就有了一个激励强化的过程，一次次的激发、一次次的探究，学生逐渐变被动为主动，并开始不断地探究学习。这时，我有意识地多给学生布置能够充分发挥其能力的问题，给他们足够的发展和思维空间。比如说利用兴趣小组时间让学生做植物组织培养，在这一过程中我只给学生一个题目，先让学生从书本中找出相关的知识，自己设计实验，假想实验中会出现什么问题，如何解决，或者是到书店、图书馆找出书本，对相关的基本原理、基本知识进行学习，然后以汇报的形式展示成果，我再进行指导。这样，使同学们在体验中充分感悟科学探究的魅力。

一个问题解决了，新的问题又出现了，而新问题的解决又是在原有问题基础上完成的，这样总有一种力量吸引着学生在不断的成功探究体验中，增强了发展自信，并对进一步的学习探究产生了不竭动力。

（孙健　撰写）

【校长点评】

从心理学的角度讲，学习兴趣是学习动机的主要心理成分，是推动学生去探求知识并带有情绪体验色彩的意向，随着这种情绪体验的深化，学生就会进一步产生学习的需要和强烈的求知欲望。古人说，“教人未见其趣，必不乐学”，“知之者，不如好之者；好之者，不如乐之者”。因此，兴趣是最好的老师。激发兴趣，诱发动机，培养志趣，在引领学生成长的过程中至关重要。

本案例中，孙老师尊重学生身心发展的特点和学习的规律，通过设计与学生生活经验密切相关的一系列生物探究实验，激发学生的学习求知欲，并通过一次次的实验探究和合作学习，不断强化学生的成功体验，激发学生持续学习的动机，使其产生并保持了主动探究学习的不竭动力，从而培养了学生的动手操作能力和创新精神，促进了其主动、全面而有个性地发展。孙老师的教学改革做法值得肯定与学习。

英语阅读的力量

建校伊始，我们对新入校的小学一年级学生的英语基础进行了调研，半数以上的学生已有一定的英语基础，但学生学习英语的兴趣并不高，还有将近一半的学生学习英语要从零开始。因此，如何兼顾这两类学生的情况，使所有学生保持英语学习的兴趣，是我们一年级零起点英语教学面临的突出问题。

为激发学生的学习动机，并保持英语学习的浓厚兴趣，在北京教科院基教研中心副主任王建平和区教研员黄艳老师的带领下，我们开始了小学英语“低年级借助绘本感知音素”的探索。依据小学生零起点学习英语的特点，我们对现有的京版教材进行了系统研究，通过研究发现，常态教材的语音体系齐全，但分布比较分散，比如辅音的学习相对滞后，无规律可循，语音的学习缺少在情境中的理解与应用。所以我们选用了“外研社大猫英语分级阅读”“丽声拼读故事会”“X 计划”等分级阅读书目中的分级阅读绘本辅助语音教学，在绘本的情境中进行语音的训练及词义的理解。此外，京版教材一年级上学期没有涉及字母的学习，因此，从一年级起，我们通过听唱歌谣对学生进行“磨耳朵”的训练，并为学生补充了“丽声我的第一套拼读故事书”中关注辅音字母的绘本。二年级时，我们根据京版教材语音的特点，为学生拓展了长短音的学习。纵观京版教材的语音，它对 short vowels 并没有系统的关注，于是，三年级时，我们找到契合的绘本，对 short vowels（a e i o u）进行了系统复习。此外，我们发现，在英语 44 个音素中，京版教材中缺乏对于 digraphs，如 sh、ch、th 这样复合辅音的学习。于是，我们根据学生年龄特点在三年级上册为学生补充了

“丽声拼读故事” *This and that* 这本书，该书中涵盖有大量含有 sh、ch、th 的词汇。

在此基础上，我们又对“英语绘本与常态教学的融合”进行了研究与尝试。迫于课时有限，考试对于阅读的反拨作用，占用基础型课程课时为英语教学进度带来一定困难等局限，如能用基础型课程课时学习绘本，以话题为主线，将教材内容与绘本学习做恰当的衔接，则可起到一箭双雕的作用。如何发挥一本绘本的最大效益，实现一本书从不同视角为多个课时使用则成了教师更应该关注的实际问题。基于此，我们从基于单元话题整合绘本、基于绘本特点统整再构这两个方面做出了相应的尝试。

研究初期，我们发现学生对于阅读仅停留在不得已完成的听读训练上，教师教学模式固化为看图猜想、粗读精读、复述等环节。如何调动学生的主动性，使其真正爱上阅读课呢？在与专家的磨课过程中，我们也逐渐认识到开展一节令人身心愉悦的阅读课的重要性。因此，我们一直在摸索在低年级开展阅读课的模式。低年级学生的特点是乐于模仿，喜爱表演，学生通过阅读一个故事，感知音素，告别干涩生硬地读词，在语境中将音素融入有意义的表演活动中呈现出来。因此，我们将说唱、歌曲、表演等多种形式融入课堂，让课堂因阅读而变得灵动。教室里一响起 Phonics songs 的歌曲，学生便齐刷刷地起立共同拍手说“Ready for some fun”；在共读故事环节，每个学生都聚精会神，期待着一起去探索跌宕起伏的故事情节、体会故事中单词的发音；表演环节是他们的最爱，他们调动多种感官，手、脑、耳等并用，融入故事情境，每个学生都跃跃欲试，生动地用学过的语言表演着。往往是下课铃声响起很久，沉浸在欣赏学生表演中的老师都忘记了说“See you again”，而忘情地表演着的学生也不再像往常一样急于下课了。教师享受着，学生留恋着，这样的课堂带给了学生学习的神奇力量。

在研究与实施的过程中，我们还组织学生参加了一系列英语阅读活动。我们在低年级开展了每周一次的“地垫阅读”。“地垫阅读”活动时，学生把教室打扫得干干净净，拿出自己的地垫，选择教室的任意一个角落拿起一本英语绘本书，或三五成群分享阅读，或独自享受一本书的时光，教师不限制他们选择书籍的权利和数量。教师也静静地拿起一本书，和他们一起阅读。正是这种安全、舒适的阅读空间让他们身心愉悦，思维插上了放飞的翅膀。中高年级，我们开展了每月一次的“口袋阅读”活动。学生把课堂上讲过的绘本制作成口袋书，添加绘本元素，再融入自己的想法，改编成独一无二的口袋书。教师每月在班级展示一次。学生们对这些口袋书爱不释手。

我们一直在思考，学校教育和我们正在开展的英语阅读不应只是片面地向学生传播知识，更应是关注每一个学生、发挥每一个学生特点的突破口。因此，在阅读中，我们给予学生多种展示的机会，让每个学生都可以重新认识自我。Reading log 以日志的方式记录着学生的阅读足迹，在那里，我们看到了入学英语基础为零的孩子是怎样通过阅读提升自我的；在微信阅读秀活动中，我们看到了平日里不受大家喜爱的调皮学生是如何在微信中出神入化地演绎角色的；在配音秀活动中，我们看到了平日里自卑的学生是如何通过自己饱满的声线找到自信的；在亲子阅读活动中，我们听到了从未学过英语的家长是如何开口和孩子一起讲英语故事的。无论学生在其他方面表现如何，我们永远把阅读当作课堂的最高奖励，学生于潜移默化中体会到阅读的乐趣：无论是集体读还是自主持续默读，他们都读得津津有味；无论是表演还是配音，他们都演绎得生动形象。正是出于这种喜爱，课间连班里最沉默的学生也会追问老师是否可以上英语阅读课，学生学习的状态由“要我读”变为“我要读”。就这样，他们从阅读中不断汲取着营养、收获着自信，他们内在阅读的欲望被彻底激发出来，阅读兴趣也持续增强。

克拉生在《阅读的力量》里总结道：“阅读能够带动阅读者的心理活动（幸福感），提升智力和文化素养，提高自我认知能力、思辨能力和创新能力，甚至能够延长寿命。”我校英语绘本阅读的实践探索仍在进行之中，在这种教学相长的阅读实践中，也实现着师生的共同进步与不断成长。我们期盼着英语阅读为学生全面而又个性的发展带来更多力量，并为其将来更好地了解世界、走向世界而打好基础、积蓄能量。

（穆晓超、李颖姣、申雪　撰写）

【校长点评】

具身认知是心理学中的一个新兴研究领域，具身认知理论认为生理体验与心理状态之间有着强烈的联系，生理体验能激活心理感觉，反之亦然。这一认知研究的成果告诉我们，调动学生多感官参与学习，有助于激活学生的学习状态，并取得良好的学习效果。

自办学以来，在北京教科院基教研中心王建平副主任和区教研员黄艳老师的指导下，小学英语教师聚焦学生英语学习的兴趣激发，先后开展了“低年级借助绘本感知音素”和“英语绘本与常态教学的融合”研究。在研究推进中，老师们关注每一个学生，实施零起点教学，并通过具身认知理论研究成果的应用，调动学生多感官同时参与英语学习，帮助每一个学生在阅读中学好语音语素，在学好语音语素的同时又促进阅读，极大地激发了学生学习英语的浓厚兴趣。与此同时，老师们加强京版教材与绘本课程的整合，将绘本阅读与日常教学有机结合，并开展了系列英语阅读活动，在激发学生学习与运用英语兴趣的同时，有效提高了学生实际运用英语的能力。期待着老师们的持续研究，期待着英语阅读会带给学生们更多自主发展的力量，以助力其健康成长。

跟着二十四节气去旅行

在语文教学中，我结合《二十四节气歌》的学习，开发了“跟着二十四节气去旅行”的拓展课程，并通过举办“二十四节气”的系列活动，推进了课程的实施。

大雪节气当天，我组织召开了“二十四节气知多少”主题队会。队会上家长代表为孩子们介绍了二十四节气的由来，队员们以小队汇报的形式介绍了二十四节气的气候特征、动植物的变化，以手抄报展示的形式介绍了部分节气的风俗习惯。本次队会不仅让学生对二十四节气有了初步的了解，还开启了“跟着二十四节气去旅行”系列活动的序幕，激发了学生对二十四节气的好奇心。中队会结束后，我把二十四节气的知识进行了认真梳理，并把这些内容作为校园文化建设的一部分，在校园文化展示栏展出，让全校师生了解二十四节气的特点和有关知识。

在冬至节气来临之前，我利用升旗仪式这个平台，邀请学生家长到校为全校师生介绍冬至节气的由来及风俗，并举行了“浓情迎冬至·亲子欢乐多”主题教育活动。这次活动得到家长和学校的大力支持，老师、学生和家长都积极参与，班级家委会成员提前准备了面和各种各样的饺子馅，当天还带来了包饺子的工具——面板、盖帘、菜刀、筷子、擀面轴等。学校为我们提供了活动场地、音响设备。场地选在学校宽敞明亮的多功能厅进行，餐厅就在校园内，方便快捷。活动开始，首先由主持人带领全班同学齐唱《二十四节气歌》和《数九歌》，学生代表讲解了冬至的由来、特点和习俗，以及冬至这天为什么要吃饺子的故事。随后在家长的指导下，每个孩子开始自己动手包起漂亮的饺子。刚开始有几个孩子害怕包不好，不敢动手，我就鼓励他们，饺子什么样都无所谓，只要别露馅就是成功。听我这么一说，孩子们马上动起手来。你帮我、我帮你，一个个饺子在孩子们的手中越来越有型，一片祥和的气息弥漫开来……活动现场欢声笑语，处处洋溢着传统节日的文化氛围。在煮饺子的间隙，为了活跃气氛，家委会的成员还带领孩子们玩起了“心有灵犀”的亲子游戏，每个孩子的脸上都挂满了幸福、快乐的笑容。最后是吃饺子环节。水饺煮好，孩子们端着热气腾腾的水饺喊着：“一盘韭菜鸡蛋馅的，一盘荤香猪肉馅的……”，一会儿功夫，大家就开始兴高采烈地品尝起自己的劳动成果。这时，一个女孩给妈妈夹了个饺子，有的同学见状，也学着给自己的爸爸嘴里放一个饺子。孩子们一边吃，一边欢呼雀跃，成功的喜悦都挂在脸上，家的温暖弥漫在整个餐厅，一股股暖流也注入每个孩子的心间。活动结束后，很多家长都发了朋友圈，表示这是过得最有气氛、最有意义、最温馨的一个冬至，感谢老师和学校给孩子们创造了这么好的机会。

立春节气是二十四节气之首，所谓“一年之计在于春”，自古以来立春就是一个传统节日。中国自官方到民间都极为重视，立春之日迎春已有三千多年历史。让孩子们了解立春，感受立春节气的魅力，也是拓展课程的一部分。虽然立春时节仍处于寒假期间，但我们班全体师生及家长走出校门，冒着严寒，参加了建国门社区举办的“立春文化节”活动。在“喊春”活动中，学生们跟着“春姑娘”和“春娃”，带着福袋、福字、春联等，走上街巷为社区居民和商户们送上新春的祝福，祝福大家在新的一年心想事成，万事如意，财源滚滚。一路上大家不惧寒冷，一片欢声笑语。“打春牛”活动在古观象台举行，会场布置得简单而不失隆重，最引人注目的是大大小小的风车不计其数，色彩艳丽，嘎嘎作响，孩子们喜欢极了。大家观看了我国优秀传统艺术的表演——说快板、气功、变脸等，在场的每一位观众都对艺术家们精彩的表演深表敬意，掌声、呐喊声此起彼伏。我们还欣赏到鞭打春牛的全过程，随着一鞭一鞭的抽打，在场的所有人都收到了满满的祝福。

之后，我进一步拓展，又把孩子们对二十四节气的浓厚兴趣引导到学习与二十四节气有关的古诗词上。开始，我发起了寻找与二十四节气有关的古诗词的活动，并发动家长和孩子一起寻找。在语文课上，我还专门安排了展示环节，孩子们个个跃跃欲试，积极性特高。随后，我们还举行了朗读、背诵、吟诵古诗词的系列活动，通过这些活动的开展，孩子们渐渐地喜欢学习古诗词了，甚至有的孩子在展示时能一口气背十几首呢！看着孩子们对传统文化的喜爱，看到他们在优秀传统文化的学习中成长，我倍感不辱传承优秀传统文化的使命，一种成就感与幸福感也油然而生。

（裴凤梅　撰写）

【校长点评】

为深入挖掘中华优秀传统文化蕴含的思想观念、人文精神、道德规范，并结合时代要求继承创新，自建校以来，我校结合各类课程的特点，充分挖掘开展中华优秀文化教育主题，为优秀传统文化教育的有效落地提供了有力支撑。

“二十四节气”作为中国古代订立的一种用来指导农事的补充历法，是古代汉族劳动人民长期经验的积累和智慧的结晶，是我国优秀的传统文化。裴凤梅老师在带领学生学习《二十四节气歌》一课时，紧密联系学生的生活经验，进行了课程学习的拓展，设计了一系列的节气活动，研发并实施了“跟着二十四节气去旅行”的拓展型课程。这一拓展型课程的开发与实施，不但使孩子们在有趣的活动中深入了解了二十四节气的来由、特点和内涵，而且把孩子们的兴趣引向了有关二十四节气的古诗词学习之中，使孩子们在古诗词的学习、朗读、背诵等活动中深刻体会中华优秀传统文化的魅力，优秀传统文化开始在孩子们的心灵深处生根、发芽。裴老师在借助拓展型课程的开发与实施开展中华优秀传统文化教育方面，为老师们树立了榜样，值得学习与借鉴。

到中国科技馆去上课

物理是一门以实验为基础的学科，因此，平时的物理教学通常会由实验现象引入新课并展开。但如低温超导体实验、单色光叠加、声音在特殊环境下的传播等实验在中学的实验室内很难完成，如果给学生播放实验视频又会让学生有距离感，不能身临其境去感受相关实验的魅力，进而影响整体的教学效果。

初中物理的知识主要包括物质、运动、声光现象、力和电磁这五部分内容，在讲解电磁学的时候，我知道有很多实验现场效果都很震撼，能够让学生近距离清晰地看到实验现象，但通常这种实验需要特殊条件才能实现，例如低温、高压等。为了给学生呈现最清晰完整的实验过程，我借助北京市教育资源丰富且向中小学开放的政策，锁定了2009年正式开放的中国科学技术馆新馆。馆内有很多展品都很新颖，是其他科技馆不具备的，而且还设立了很多体验项目，其中“探索与发现”展厅共设置8个主题展区：宇宙之奇、物质之妙、运动之律、声音之韵、光影之绚、电磁之秘、物质之妙、数学之魅，这不正好与初中物理的知识内容相契合吗？而且“华夏之光”主题展厅涉及很多古代机械的使用，这正好又对应了课本中简单机械的内容，让人在体验的过程中感受机械设计制造的魅力。于是我想如果能把物理课堂搬到中国科技馆来，一定能够使学生参与更多书本上没见过、课堂上无法完成的实验，让他们体验科学家们探索与发现的过程，还能引导其领悟科学精神和科学思想。

在学校的支持下，我开发实施了初中物理实践活动课程。为了能让学生在科技馆中最大限度地取得收获，在活动之前，我提前进行了踩点，考察环境，研究并记录科技馆内适合学生年龄特点的有关物理知识的展品和实验，完成了制订组织计划、安排活动内容、研究指导策略等一系列准备工作。在踩点过程中，我发现除了已经设置好的各个展厅的展品，科技馆还设计了一些定时定点开展的互动类体验实验，我将这些实验的时间和地点逐一记录，以便开展后续的课程教学工作。

精心准备行前课。物理实践活动课程的前一天，我向学生说明了此次外出学习活动的目的，着重介绍了场馆的信息、课程实施的目的和相关的注意事项。为了能够突出此次实践活动课程学习的目的，并达到预期的教学目标，我让各学习小组成员在行前课后讨论并认领本组要深入研究的课题。然后根据要研究的内容将小组分为光学小组、电磁小组、运动小组、压强小组、科技与生活小组、新材料小组、能源小组、机械小组等，并强调行后各个小组需要根据确定的研究方向进行学习汇报。确定好本组研究课题之后，组长负责小组内的成员分工，包括：摄像、照相、记录（记录现象和文字材料等）、查阅和整理资料、幻灯片制作、汇报演讲等。

组织上好行中课。活动当天出发前，我再一次跟学生们强调了在保证自身安全的前提下要尽可能多地去参观各个场馆的展品，去体验各个项目，与实验老师进行互动，记住自己在小组中的分工，确保小组合作能够圆满完成此次课程学习任务。为了能够让学生既不错过精彩的互动实验，又能完成本组的探究任务，我们制订了活动时间表。

总体时间安排为 9:30—15:30。

第一时间段 9:30—11:10，重点参观本小组的研究内容区域。

第二时间段 11:15—11:30，观看大气压强实验。地点：电磁表演台。表演内容：真空瓶中棉花糖、变形的可乐罐、气球叠罗汉。

第三时间段 11:30—12:30，午餐休息。

第四时间段 12:30—13:20，小组交流讨论，梳理上午的学习成果。

第五时间段 13:30—13:50，观看液氮实验。地点：能源实验室。展示内容：利用液氮演示冷冻金鱼，展示液氮的神奇特性。

第六时间段 14:00—14:15，观看电磁表演。地点：电磁表演台。展示内容：静电体验、奇妙的莱顿瓶、会散步的易拉罐。

第七时间段 14:20—15:20，自由参观，小组合影。

第八时间段 15:20—15:30，集合整队后返校。

从时间安排上不难看出此次实践课程学习内容丰富、主题详实，而且在学生参观的过程中，场馆内讲解员、老师和学生都能进行互动。每个小组的组长手里拿着活动流程，上面有时间安排和小组内活动计划，组长全面负责组内活动。我全程不停地辗转于各个展区，查看每个小组的活动进展，帮助小组成员解读场馆内的展品原理，检查指导学生完成学习任务。此次实践活动课程的探究学习，学生们表现出了极高的学习热情。虽然在中国科技馆内的学习时间较短，但学生能充分利用时间，分工合作，认真研究。他们时而认真阅读资料，时而动手操作实验，时而向讲解的老师提出各种问题。在电磁表演区，学生与讲解的老师进行互动，当学生看到自己的同学在静电台上“怒发冲冠”时，都非常惊奇。在低温实验区，看到低温下被冷冻的小金鱼还能活过来，他们都知道其中的道理。学生们被许许多多的新奇现象所吸引，更想探究物理学的奥秘了。通过一天的学习，每个学习小组都出色地完成了学习任务，很多学生表示还会再来中国科技馆对一些现象进行深入研究。

认真指导学生完成行后课。学生返校后，以学习小组为单位，对小组负责的内容进行深入研究，时间为一个星期。各组小组长随时向我汇报研究进展，提交作品材料。由于学生初次参加此类实践活动课程的学习，我引导他们可以分为以下几步来整理参观后的小组材料，完成汇报作业。

①将科技馆内收集到的资料进行分类整理。

②在实验室或者家中再现某些有趣实验。

③就某些话题查阅资料，进行深入探讨。

④就科技馆内展出的一些新科技产品，到生活中去寻找，并说明其应用原理。

课程学习结束一个星期后，各学习小组将整理好的资料制作成幻灯片在课堂中向全班同学汇报展示。我在所有小组汇报完之后给每位学生发放了选票，让他们根据每个学习小组的汇报成果，从多媒体应用、探研内容的丰富程度、学习的收获与启发、表达流畅程度等进行评价，并根据评价评选出最佳表达奖、最佳内容丰富奖和最佳研究成果奖等。最后，我对此次实践课程学习中表现突出和有待进步的地方进行总结，并对日常物理学习和下次实践活动课程实施提出要求。

在这样的科学实践活动课程学习中，学生在发现中学习，在活动中感悟，确实体验到了探究学习的乐趣，激发了学生学习物理的兴趣。在收集资料的过程中，学生学会了根据需要对资料进行筛选、编排和整理，从而培养了学生收集信息、整理信息的能力，增强了学生对科学技术与社会关系的理解；在小组资料整合的过程中，培养了学生交流合作的意识，体现了集体的智慧；在行后课汇报中，学生对收获的总结和对科学探究欲望的流利表达体现了学生的思维能力和表达能力，对多媒体的运用则体现了学生动手与信息技术应用能力。此次科学实践活动课程的实施，虽然从前期准备到后期评比耗时耗力，但使我真真切切地感受到了学生的变化，学生对于物理的学习热情越来越高，往往下课后我还没有走出教室，就被学生们团团围住，问我课堂学习中没有理解的知识点或者有自己思考中遇到的问题想要和我交流。周末有些学生会发给我一些网络实验视频询问我实验原理，还有一些学生甚至主动在家动手做一些小实验拍下来给我看，让我进行指导等等。他们的变化也给了我非常大的启发，在学习这件事情上，兴趣是最好的老师，让学生看不如让学生说，让学生说不如让学生动手做，所以我会更加精心地准备每一节课、每一次实验，在教学中尊重学生的认知规律，凸显学生的主体地位，发挥学生的主体作用，让学生学会学习，学会合作，实现其自主学习与自主发展。

（李爽　撰写）

【校长点评】

近年来，北京市基础教育课程改革重点在于加强课程的供给侧改革，在这一背景下，我校确定了尊重教育的办学理念，并积极构建由基础型课程、拓展型课程和个性化课程构成的尊重教育课程体系。在课程的构建与实施过程中，我们提出了超越课程边界、超越课堂边界和超越资源边界的课改要求，引导教师将传统课程向“创造与个性”式课程转变，并利用信息技术的优势实现教学时空的拓展，努力把北京丰富的教育资源整合到尊重教育课程体系之中。

本案例中，为激发学生的学习兴趣，培养学生的观察动手能力和创新精神，李爽老师开发并实施了物理科学实践活动课程，把课堂搬到了中国科技馆新馆。在整个课程的开发与实施过程中，李老师事前到中国科技馆踩点，掌握资源，之后认真设计并实施了“行前课”“行中课”和“行后课”。这样的课程学习，从学生能力的培养方面看，远远超出了传统物理课堂的教学效果，不但培养了学生收集信息、整理信息的能力，增强了学生的交流合作意识，而且还培养了学生的观察能力、探究能力、表达能力、学生动手与信息技术应用能力等。而这些能力的培养不止服务于物理学科，还将辐射至学生的所有学科学习，必将对其未来发展产生积极而深远的影响。

创造学生喜欢的课堂

我是刚走出大学校门的新老师。刚到北京教科院丰台学校上班，令我印象最深的是学校的尊重教育理念。张广利校长向我们介绍了学校倡导的价值观、尊重教育理念和课程课堂改革的情况，听后，我对学校的基本情况有了大概的了解，但真正走入课堂，对如何落实尊重教育的理念还是一头雾水。

作为一名新上岗的教师，我需要学习的东西很多，尽管新学期开始，学校为我指定了导师，但让自己独立地给学生上课，心里还是有点忐忑。我想既然是新学期，又是新学科，还是一个实践类科目，一定要抓住这个机会，给孩子们立好规矩，上好开学第一课。于是，我精心准备了一张幻灯片，想以此来传递我对孩子们的要求和希望。

上课开始，我自认为已经准备得足够了，于是，就滔滔不绝地讲了起来，但学生的反应让我“措手不及”。他们只能坚持几分钟，剩下来的时间，我都在控制课堂纪律，他们时不时就打断我的讲课进度，让我不知如何是好。一节课下来，我感到很累！那一天，我都在思考为什么会这样，一直也闷闷不乐。我难过的是因为学生的调皮吗？我也不知道。很快，下班了，我觉得终于有时间想想困扰了一天的问题了。整个晚上我都在思考一件事，学校提出“问题导学、少教多学、自主思学、合作互学”的以“学”为中心的课堂改革要求，我的信息技术课该如何落实呢？

可能夜深人静的时候更容易帮助我们找到一些问题的答案吧，我悟到我难过的是自己。一个班级里，每个老师教的孩子都是类似的，但是每个老师确实各不相同，所以主要问题在于我。想到这里，我突然顿悟，也许这就是尊重教育吧！我真的尊重孩子们的学习需求了吗？我拿自己和孩子比较，我用自己喜欢的方式，去给孩子们带来新的课堂，但是我忽略了一点——孩子们喜欢什么。总认为我觉得好的就是最好的，我忽略了适合他们的，让学生喜欢的课堂才能激发他们的学习热情。发自内心地尊重孩子，了解他们的需求和喜好，多从他们的角度出发，才能落实以“学”为中心的课堂改革要求，才能做到真正的尊重教育。

于是我开始了我的第一次改变，我重新备课，不仅重新准备所有课程，更重新准备了开学第一课。我觉得第一节课上过了，但是上得不好，我不能存在侥幸心态，就让它这么过去了。

这次开学第一课我采取了一个俗套但不老套的开场方式，用视频引入。我让孩子们带着问题去看视频《人工智能的发展》，要求不多，能看懂多少都可以，主要是让孩子感受人工智能的强大，信息技术的重要性。先给孩子们一个震撼的开头，让他们觉得这门课程原来这么厉害，这么重要。接下来的部分，我摒弃了传统 PPT 讲授，而是做了动画，炫酷的开场方式，让孩子们眼前一亮，觉得“咦？好像有那么点不一样”，接着我把想讲的内容融进了动画里，抓住孩子们注意力的同时，讲授了我想传达的东西。果真这一节课就不一样了。我没有花大把的时间去维持纪律，而是用生活中的实际事例来引领学生更好地理解一些知识，我觉得去讲日本的机器人，不如讲中国北京最南边小区县的无人驾驶城铁，让他们觉得其实超级厉害的人工智能的事例就在我们身边，同时也增强了民族自豪感。

一节课下来，我是轻松的，学生们是开心的，要求落实了，知识传达了，我感受到了一丝丝成功的甜头。我想这就是尊重教育的力量吧！只要你用心，只要你真正站在孩子们的角度去思考他们想要的东西，尊重需求，你就会有收获，收获的不仅是一个良好秩序的课堂，更是一帮可爱孩子的学习兴趣和强烈的求知欲望。

在即将过去的一个学期里，我一直把尊重教育记在心里，把学校的课堂改革要求尽量落实在每一堂课上，应用到每一个教育方法中。比如我的课上及时反馈制度，我用上新型软件，可爱的头像让孩子们觉得小组评比原来是这么可爱的一件事情；比如我会把综艺节目中的“战队”概念，时不时地落实到课堂中，他们喜欢这些新鲜的东西，他们和我们一样，活在现在这个大大的网络时代下，同样是一个新新少年；比如我会在每节课放一个跟本节课相关的科普小视频，让孩子们走出课堂，放眼世界；比如我会收集他们的优秀作品，想办法展示出来，并让他们上台前给同学们讲解，让他们体会到自己的努力是有收获的。就这样，我尊重他们需求的同时，也做到了尊重他们的成果，并时刻激励他们不断努力上进。

半年的教学实践使我深深地体会到，尊重教育不仅仅是一种理念，更重要的是一种态度和行动，我有幸在这条路上迈出了一小步，我相信，通过我的继续努力，我会和孩子们一起成长，并且越走越远！

（张佳　撰写）

【校长点评】

北京教科院丰台学校提出了尊重教育的理念和主张，构建了尊重教育的课程体系，对尊重课堂改革也提出了“问题导学、少教多学、自主思学、合作互学”的基本要求。但对于刚参加工作的年轻教师来说，一是没有任何的教育经验，二是对学校教育理念的理解和课堂教学改革的要求还不能直接转化为教师的教育教学行为，因为这得需要一个过程。

本案例中的张佳老师是一位刚刚毕业从教的老师，她一腔热血，满怀激情，她一切从学生的角度出发，研究学生的喜好和学习的真正需求，主动改进教学方式，把课堂交给学生，对开学第一课进行了系统反思和再实践，创造出了学生喜欢的课堂。她勇敢地实践探索，不但使其体验并品尝到了践行尊重教育的甜头，而且也更加坚定了她进行课堂改革的决心与信心。有理由相信，张佳老师未来一定会在课堂改革中取得更加可喜的成果。对一名从教时间不长的年轻教师来说，这种改革的精神真是难能可贵。

做自己的“王者”

小Q是让老师头疼的“学困生”。从学习来看，小Q的基础差，对学习毫无兴趣，甚至有比较严重的厌学情绪，隔三差五就请假不上课，从而导致成绩堪忧；从心理来看，处于单亲家庭，缺少父母关爱，小Q心理状态极度消极悲观，不够自信，因此，逃避现实而沉迷于网络成了她的常态。

眼看着已到初二下学期，本以为小Q的问题已经没有什么解决的好办法，但是一节选修课让我似乎又看到了希望。我教学选修课《数学王者》，与学生们一起寻找几位著名数学家的故事与研究成果，并改编成舞台剧进行演绎，目的是引导学生了解数学史，激发学生学习数学的兴趣，发现数学与实际生活的密切联系。在创作剧本的过程中，我们遇到了瓶颈。

“老师，要不我试试？”小Q悄悄举起手，“老师，我有点想法，您给我一周的时间，下周上课时我写好带来。”考虑到小Q平时的表现，我虽然嘴上答应了，但其实并没有抱太大希望。当下一次上课小Q拿出七页共六千多字的舞台剧剧本时，我真的被这个姑娘震惊了。剧本上详细地叙述了角色、时间、地点，并且标注了不同情景下需要的服装、道具与灯光，六千多字的剧本，我们普通的成年人可能都不能很好地完成，何况一个初二年级的学生？我邀请小Q到前面讲解自己的剧本，她没有了平时的自卑与胆怯，而是神采飞扬地站在大家面前，自信地介绍起人物情节与情景划分，我仿佛看到了一个不同寻常的、闪着光芒的姑娘。之后，每节选修课我都尽量制造机会让小Q多去表达自己的想法，在大家面前展现自己的特长，建立自信心，并让她担任了舞台剧的总编剧。

类似小 Q 这样令人惊喜的不是个例。还有小 C，一个个子小小并不起眼的小男孩，他是我们舞台剧中的“华罗庚”，虽然只有几句台词，但他精心地去揣摩感情，与我讨论舞台上的走位，平时他可是个吊儿郎当、作业都不认真完成的学生；小 M，平时语文课文都读不顺，有许多不认识的字，但为了演好角色，她将自己台词的每个字都进行注音后找我一一核对，经常练习，最后在舞台上精彩地呈现出来；小 X 是我们的道具人员，老师们都说她是个马虎、不记事的姑娘，但我们切换场景时，数次的道具更换她从来没有错过……

这样的“不同寻常”太多了，让我充满了惊讶，但更多的是欣喜。我们深知，一节甚至一个学期的“数学王者”课都很难将一位学生的数学成绩由不及格提高到良好或优秀，但是成绩是评判学生的唯一标准吗？我校的办学章程中明确提出我校的主题文化是“尊重教育”，倡导的核心价值观是“赏识、开发、合作”。或许我们不应只局限于知识的传授，只关注成绩的高低。反观每位学生的特点，作为教师的我们更应该寻找机会、创造机会帮助他们发现自我、管理自我和超越自我。

如今，我同样将这样的思考应用在数学课堂上。我每节数学课都有个必备环节——学生讲题，每一位同学都有机会站在黑板前为大家带来一节“微课”。对于学优生我会布置中高档题目，而对于学困生我会布置他擅长的题目类型进行讲解，比如小 Q 擅长文字，她领到的题目经常会是数学中的“阅读题”，她会帮助大家分析题意，分享能够有效提取题目中的数学信息的方法。可能她的成绩现在依旧不够理想，但我相信，相比之前的胆怯她自信多了，相比之前的厌学她增加了一些对学习的喜爱，这份自信和喜爱会帮助她在求学的路上走得更稳，更远。

尊重教育，不是长篇大论的大道理。它是教师生涯中的一点一滴，折射出每个教师人性的光辉。习近平总书记曾在北京大学师生座谈会上强调：“教师要时刻铭记教书育人的使命，甘当人梯，甘当铺路石，以人格魅力引导学生心灵，以学术造诣开启学生的智慧之门。”教育的任务艰巨，我们要时刻提醒自己践行师德规范，尊重学生的差异，力争让每一位学生在初中的三年里发现优势、发挥优势，扬长避短、学有所获，体验成功、建立自信。谁说唯有成绩好、才艺出众才是“王者”呢？只要是能发现自身的长处并努力将其发挥出来，都可以成为自己的“王者”。作为老师，我们要做好学生的引路人，引导他们去做自己的“王者”。

（赵玮　撰写）

【校长点评】

著名教育家苏霍姆林斯基曾经说过：“让每一个学生在学校里抬起头来走路。”能够抬起头走路的学生，一定是充满自信和阳光的学生。在现实生活中，学生的学习能力及学习成绩固然重要，但尊重学生差异，开发学生潜能，健全学生品行，使其自信成长，更是我们教育追求的育人目标。

本案例中，赵老师以一位寻常意义上的“学困生”为切入点，讲述了几位“问题学生”在选修课上“不同寻常”的表现。他们由平日的怯懦悲观、问题不断到舞台上的大放光芒引发了赵老师的思考，更触动她对自己的教育教学方式做出改变。赵老师不仅在选修课上为每一位学生提供展现自己的机会，挖掘其优势，而且在数学课上，也充分发挥不同学生的特点，帮助其发现自我，并不断实现自我超越。有了这样一次次的成功体验和大家对其表现的肯定与认可，激发了学生奋发上进的动力，不断增强信心，建立自信。正如赵老师所说，尊重教育的践行让每位学生真正成为自己的“王者”。

我们一起来悦读

当今社会，电子产品盛行，电子阅读也越来越受到人们的推崇，阅读的碎片化也越来越影响和制约着人们阅读能力与水平的提升。为了让孩子们爱上纸质阅读，我开始了“培养学生阅读兴趣和习惯，打造班级书香文化”的尝试。

要想让孩子读书，书架上得先有书才行。我们已迁入新的校址，我就号召孩子们把家里自己读过的书先拿到学校，放到班级的书架里，与大家一起分享。不到一星期，书架上摆满了孩子们喜欢的各种书籍，这些书有学生的，也有老师的。学校图书馆新书一到，我们也抢先去借了孩子们喜欢的各种图书，其中大部分都以绘本为主，因为孩子们还处在小学一年级，认识的字不多，现在主要是培养读书兴趣。因此，我给图书角起了个名字叫“悦读角”，目的就是让孩子们在阅读中寻找到快乐。

六一儿童节时，我组织家长为孩子送上一本或几本他们喜欢的书作为节日礼物，并开启了“每天读书半小时”的活动，鼓励孩子们抓紧一切时间看书。早晨进校后、课间时、午饭后，孩子们踊跃读书的身影，随处可见。此时，我都会用手机记录下这美好的瞬间，然后发到班级群里，并称赞他们是“悦读小能手”。

在学校举办的“美文·美读”活动中，孩子们声情并茂地背诵了朱自清的散文《春》，大家为他们竖起了大拇指。更让人意想不到的是，每当《春》的配乐响起来时，教室里就会不约而同地响起稚嫩的童音，优美的《春》已经开始在他们的心里生根、发芽。更让人感动的是，在元旦汇演备场时，化好妆的孩子们还自发地捧起书，旁若无人地潜心阅读起来。阅读的种子已经在他们的心里深深扎根。

为了确保悦读角的合理使用，增强珍惜图书的意识，我们共同制订了借阅公约，并张贴在悦读角里。借阅公约的内容包括：借书、还书要排队，图书要轻拿轻放；所借图书可以带回家，但要妥善保管；借阅者要爱护图书，不准在图书上乱写乱画；每次借书必须经图书管理员允许并确认签字后方可拿走；归还时必须有图书管理员的签字并注明归还时间和是否有破损，如有损坏或丢失要按照图书原价赔偿等。有了借阅公约的保障，孩子们爱书护书的意识增强了。书架上的书乱了，有人去整理；书籍的书角折了，有人轻轻地把它抚平；翻书时再也听不到哗啦哗啦的声音，仿佛他们手中捧的是宝石，生怕把它弄坏。

转眼间孩子们升入二年级，随着识字量的增加，我对孩子们的读书要求也提高了：不能还停留在看图片，尽量减少绘本，即便是绘本也要以读文字为主，当然，文字都是带拼音的。为了让他们对文字感兴趣，我决定利用假期时间，让孩子们读成语故事。因为成语故事比较短小，他们还可以挑选自己比较熟悉的感兴趣的成语，这样大大提高了学生的阅读兴趣。为了督促学生阅读，我要求学生们把成语故事读熟，然后合上书，面对着手机镜头把成语故事录下来，家长再把录好的小视频上传到班级群里。每周的周二和周五是上传成语故事视频的时间。对于孩子们上传的视频，我都会认真观看倾听，并给出积极的评价。这个活动从寒假一直到暑假结束，连续半年时间，我深刻感受到阅读带给孩子们的变化，不论是课堂上的发言，还是写话练习的句子，孩子们的妙语连珠总能给我带来惊喜。值得一提的是，我班李思齐写的作文《我的保温杯》，还在《好作文》杂志正式发表。

每学期，我还组织学生参加学校组织的分级阅读行动，期末我会在班里举行一次读书分享会。在班级的读书分享会上，每个孩子都自信地站在台前，为大家绘声绘色地讲自己阅读的小故事和读书感受。

三年级寒假前，在家委会的倡议、组织下，全班统一购买了五本书：《神笔马良》《我和小姐姐克拉拉》《蓝鲸的眼睛》《我的妈妈是精灵》《绿野仙踪》。阅读整本书活动就此开始了。他们一边读书一边批注，再根据所画内容做摘抄、做读书小报、写读后感，在全班进行交流展示。到现在为止，大家已经读了四本，其中《蓝鲸的眼睛》读了两遍。读过之后，我让孩子们写读后感，很多学生都很敬佩那个小女孩，她是那么善良，那么勇敢，为了保住蓝鲸的眼睛，不惜牺牲自己的眼睛。还有的学生认为不要像那个小男孩似的，把快乐建立在别人的痛苦之上。看到这里，我感到很欣慰，读书让孩子们有了分辨是非的能力。

四年级上学期我们充分利用课本，在讲完神话故事和历史人物两个单元后，从学校图书馆借来相应的书籍让学生看，并让他们制作 PPT 来分享神话故事，交流神话人物的特点；并通过多媒体触摸屏分享历史人物故事的视频。学生们积极参与，热情高涨，捧书阅读的身影随处可见。

班级里的读书氛围不仅影响着每一个孩子，也影响了孩子们的家长。有学生在日记中写道："我发现爸爸不再看手机了，而是看起书来了。"还有的孩子在日记中写道："周末我经常和爸爸妈妈一起到图书馆里去看书，而且一看就是一整天。"阅读作为一种生活方式，正在深深地影响着孩子们的学习和生活，也丰富了他们的精神世界，并引领他们不断健康成长。

（裴凤梅　撰写）

【校长点评】

学生在学校的生活主要是在班级中度过的，一个班级的文化环境与氛围如何，在很大程度上会深刻影响着学生的未来发展。在一种积极向上、温馨和睦的环境中学习，不仅能净化心灵、愉悦身心，而且能激励奋进、促进成长。

本案例中，为了让孩子们爱上纸质阅读，裴老师十分用心，在班级中积极开展了与读书有关的系列活动，学生在丰富小书架、共同制订借阅公约、分享读书感受等活动中，受到熏陶，吸收营养，培养兴趣，遨游书海，从而获得自信，获得快乐，实现了健康成长。有时我到裴老师班里听课，也常常发现学生思维敏捷，思想活跃，发言积极踊跃，回答问题也是妙语连珠，学生的出色表现与裴老师重视纸质阅读、实施阅读行动和形成的浓厚阅读班风密切相关。我祝愿孩子们永葆良好的阅读习惯，并通过持续阅读不断丰富自己的精神世界，助力自己走向更加充实和光明的人生。

让数学走进孩子们心中

有段时间，有一部分学生跟老师们反映随着数学学习内容难度的增加，感觉越来越吃力，上课时也提不起精神，学习数学总觉得有畏难情绪，于是我们数学备课组的老师们就聚在一起研究如何激发学生学习数学兴趣。正在我们为此一筹莫展时，赵玮老师说："既然学生学习数学热情不高，我们能否开展一次数学实践活动来激发一下学生的学习动力？""我觉得这个提议很好啊，我们依据每个年级孩子的现状，举办一场数学竞赛，怎么样？"我补充道。这时，马彦芳老师有点担心地说："我这边初三了，时间那么紧张，还有时间开展数学活动吗？"我问她："初三孩子们学习数学热情怎么样？"马老师摇了摇头，我微笑着说："那就没事，只要能增强孩子们学习的主动性，那我们就成功了！"马老师看着我点了点头。

于是，我们依据年级学生的自身情况制订了不同的竞赛项目，最后大家讨论后达成一致——首先进行初赛，本次竞赛内容以各年级的基础计算题为主，目的是为了引起孩子们对计算基本功的重视。第二阶段的复赛是以"生活中的数学"为主题让学生设计作品进行现场展示。敲定好方案后，我们很欣喜地通知孩子们这件事儿，我作为备课组长，把比赛的方案、细节发布在公告栏上。之后不久，孩子们纷纷踊跃报名，热情很高，表示能积极完成作品去参赛，其中有两个孩子婷和琪的数学成绩并不是太好，我很担心她们在初赛后就会放弃复赛的挑战。我问她们："初赛的计算题也是个考验，你们有信心吗？"可能是基础不好的关系，她们显得有些迟疑，我看到了她们的心思，于是微笑地对她们说："我们会提前复习计算题的相关内容，你们认真听课，记录知识点，肯定没有问题的！”她俩听我这么一说，瞬间卸下了心理包袱，很有信心地告诉我：“汪老师，我们一定努力！”说完，很开心地走了。

接着我们很快组织了初赛，各年级学生做题的情况不是特别好，很多学生基础欠缺，运算能力有待提高。我们又聚在一起开了备课组会，针对这次比赛的结果，商量如何将活动落到实处。我提议：“既然错题较多，不如把初赛的重点放在错题改错和整理上，怎么样？”另外两位老师肯定地点了点头。随后我们讨论出了改错的规则和格式，并决定要求学生把所有错题都落实在改错本上，马彦芳老师又建议说：“既然错题较多，我们可以在评奖的时候增加几个改错小能手的奖项，能进步提高也非常不错啊！”赵玮老师补充道：“我们还可以让他们利用错题做成思维导图，做得好的也可以评奖！”最后，我们制订出评奖细则，一向学生公布，他们的积极性一下子就调动起来了，改错和思维导图的任务基本上人人都参加。不仅如此，孩子们改错也特别卖力，红笔改错，蓝笔错因，重点题目还用彩笔勾画。我们也根据孩子的实际情况评选出了各类奖项，把优秀的改错作业和思维导图展示在每个年级的展示墙上，孩子们纷纷挤到展示墙那儿看，并且还小声讨论谁的思维导图画得更好，蕴含的数学知识点更多，对优秀的作品称赞不绝。当然，其中也包括婷和琪，她们的成绩也非常不错。

第一阶段结束后，我们紧锣密鼓地组织了复赛，各班数学老师从上交的作品中挑选出优秀作品进行校级展示。根据年段不同，三个年级的活动任务也有所不同，七年级组展示了班徽设计；八年级组展示了利用轴对称和中心对称原理设计的彩色托盘；九年级组展示了测量顶部不可到达的旗杆高度。最为精美的是彩色托盘的设计，那正是婷和琪她们组设计的成果，她们在礼堂的展示台上得意地介绍了作品：“盘子的设计灵感来源于古代的艺术结晶——青花瓷，从俯视图到主视图，从菊花纹、圆圈纹到弦纹，它们各具特色，彩色图案的背后更蕴含着丰富的数学知识！”之后她们还讲述了蕴含的数学原理和花纹的特别之处：“盘子的左上角是利用三角形和圆形的拼接做出的花纹，这样的设计象征着数学中的对称之美……”台下的同学听完她们的讲述后，响起了热烈的掌声，婷和琪的脸上洋溢着兴奋的笑容。其实她们为了这个作品跑到各个办公室去问老师们的意见，又查阅了大量资料，还去了一趟故宫，研究了一番青花瓷，在制作盘子的时候专门跑到涂料市场挑选合适的颜料，更别提设计和勾画盘子的时间了，这片掌声她们等待得太久了。功夫不负有心人，她们这组最终获得这场比赛的一等奖。

复赛结束后，孩子们都感到数学挺有意思，应用特别广泛，并争相研究起数学来，更有孩子对我说："我学好数学，以后我要设计大桥、高楼大厦、轮船飞机，也画青花瓷!"我听到心中暗喜，心想这活动确实很成功，大家开始欣赏数学，对数学更有兴趣了，学习数学的热情也高涨起来。赵玮和马彦芳老师也觉得孩子们的学习比之前更积极主动了，特别是婷和琪，竟然开始自学起数学课程，还对我说立志要当班里的数学王者。

我想，这次活动不仅仅是激发了学生对数学的热爱，更重要的是引导学生学以致用，将冰冷的数学和生活紧紧地联系在一起，让他们深刻体验到学习数学的意义所在，从而激发他们学习的动力。反观这次比赛，无论是思维导图还是数学作品展示，无论是参赛者还是观赏者，学生都在活动中不断地思考、质疑以及反思。数学实践活动真真切切地促进他们运算能力和分类整合能力的提高，并且在优美的作品中展示了出来。受这次活动的启发，在初中数学教学中，我们备课组的老师开始注重在生活中发展学生的数学核心素养，课堂中更多地使用生活中的实例解释数学概念，经常地设计一些数学实践小活动推进数学学习，孩子们乐此不疲。在这一改革探索的过程中，各年级学生运用数学解决实际问题的能力也有了不同程度的提高。

每每想起我们的数学实践活动与改革探索，大家一致认为，数学不应该只活在课本里，更应该燃烧在孩子们的心中!

（汪继清　撰写）

【校长点评】

著名数学家华罗庚曾说："宇宙之大，粒子之微，火箭之速，化工之巧，生物之谜，日用之繁，数学无处不在。"随着与计算机技术的结合，数学已经渗透到人类社会的各个领域，以及我们生活、学习、工作和娱乐等各个方面。在数学作用与日俱增的今天，学习数学不仅有助于我们深入地思考和解决问题，而且有助于增强我们的好奇心、想象力和创造性。

本案例中，为激发学生学习数学的热情，汪老师带领数学组全体老师，一切从学生学习数学的实际出发，精心组织了一次竞赛形式的数学实践活动。通过这一实践活动的逐步推进，使学生在数学知识的运用中看到了学习数学的意义所在，体验到了学习数学的无限乐趣，从而激发了学生学习数学的主动性。这一尝试的成功，也激发了数学老师进一步探索教学改革的热情，并聚焦学生数学核心素养的提升，积极推进生活中的数学学习探索，从而在一定程度上改变了学生数学学习的畏难情绪和被动状态，学生运用数学解决实际问题的能力也有了不同程度的提高。期待着老师们继续探索并取得更大成功。

第四辑　爱与等待的力量

大虎“变形记”

我班有个大虎同学，脾气暴躁，经常与同学打架，上课注意力不集中，时常捣乱，作业应付，书写潦草，爱撒谎，偶尔还会顶撞老师……每天都有学生向我告状。

为解决他的问题，我单独与他沟通，并希望他能认真听课，按时作业，遵守班规，知错就改，争做一个与他人友好相处、父母和老师喜欢的好孩子。一开始大虎总是一副爱理不理的样子，后来口头上虽答应了，可行为上还一如既往，毫无长进，真是“承认错误，坚决不改”。面对这种情况，我十分失望，但一想，身为班主任，不能因为一点困难就退缩，必须面对现实。我暗下决心：教育不好，誓不罢休！

一次数学课上，我正在给同学们讲关于5的乘法口诀，大家听得非常认真，只有大虎同学坐在位子上不听课。我提醒他一次，大虎又开始低头玩，我随即把他手里玩着的尺子给没收了。但考虑到大虎可能会有情绪，便告诉他如果他后半节课认真听讲，下课时老师会把尺子还给他。听到能把尺子还给他后，大虎明显眼睛一亮。虽然后半节课他还是存在开小差的现象，但和之前相比有了点进步。课后我履行诺言，把尺子还给了他，并和他进行了沟通，大虎表示以后上课会专心。可接下来的事情并不像他保证的那样。随后几天，多位老师向我反映他上课走神、不听讲，而且还愈发严重。从刚开始玩文具，到和周围同学说话、故意不让别人听课，再到上课下座位和别人打闹。这次，我意识到对大虎的教育必须得到家长的配合，否则不会取得好的成效，为此，我想得和他的家长进行必要的沟通。由于大虎妈妈平常工作忙，总不在家，陪伴孩子的时间非常少，我便及时与他的爸爸进行了联系，向他反映了情况，想寻求他的帮助与配合。第二天，孩子到校，我问了一下情况，孩子说爸爸狠狠地批评了他，还说以后会关注他在学校的表现。听了这话我心里一下踏实了许多，想着有他爸爸的配合，孩子肯定会改变的。可谁知，一次课上，他坐在座位上唱歌，还趁我不注意站起身向同学扔纸团，这些行为严重扰乱了课堂秩序。我依旧是和他的爸爸说了此事，接下来的几天里，孩子的表现表面上似乎有了些改观。但随之而来的又是同学们不断地向我告状，说大虎骂人、欺负同学、拿同学东西等等。每一次解决完问题后，他又会出现类似的问题。为弄个究竟，我和小虎爸爸又进行了沟通与交流，这才得知我向他反应情况，他就回去对大虎狠揍一顿。这样，大虎对我产生了逆反心理，我越是和他爸爸“沟通”，他就越来越捣乱。原来是这样，我无比心疼，但更多的是自责。我想如果不是我向家长告状的话，孩子也不会挨打。这一刻的我，一下子陷入了深深的沉思。

一天，在德育老师和组长的带领下，我们进行了一次家访。在沟通中得知，大虎的父母忙于工作，平常很少有时间陪伴孩子，他们累了一天回到家，看到孩子身上的种种问题，没有精力更没有耐心去和孩子进行沟通，而是将火全部撒在孩子身上，认为打了孩子就长记性了，也就会改正了。为此，我们告诉大虎的父母，打孩子不但不能解决问题，反而会使孩子产生逆反心理，目前大虎就是这种情况，这种治标不治本的方式不利于孩子的健康发展。大虎的父母也意识到了问题的严重性，表示一定和老师协调，配合我们的教育方式。

回到学校，我把大虎叫到身边说：“大虎，对不起，老师不知道你爸爸脾气这么大，还打了你！以后有事我再也不告诉你爸爸了。你有什么事就告诉老师，好吗?”大虎点了点头。自那以后，我一改原来对大虎的教育方式，开始关心他的生活、学习、交友和活动等情况，并与他商定从改小毛病开始，慢慢来，还让他要好的朋友小林来帮助、监督和提醒他，我每天也观察并询问他的表现情况，发现他的一点进步，就及时肯定和表扬他，并在每周一的班会上重点对他进步的地方进行表扬。与此同时，看到大虎的点滴进步，我会拿出手机进行记录，并第一时间反馈给他爸爸，并让其接孩子放学时，见到孩子要先肯定他今天的进步。一方面，让大虎知道老师和家长一直在密切地沟通着；另一方面，也让大虎感受到爸爸对他在校表现的关心和每一点进步的肯定。同时，家长也克服困难，周末陪伴孩子去博物馆、科技馆、抗日纪念馆等地方参观学习，增进彼此的感情。此外，我和副班主任王老师又商定，让大虎当班里的小体委。这样一来，他认真负责全班大课间整队的同时，自己的言行也有了一定的改观。

好景不长，有同学又接连向我告状说他管理队列的问题。通过观察，我发现他为了突显自己小干部的身份，总是随便地批评同学，我意识到在当好一名小干部这件事上他似乎还不能胜任。随后，我就如何当好一名小干部，如何组织和管理队列及时给予了指导，并对他的情况进行了跟踪管理。就这样，慢慢地，同学们意见少了，也配合大虎管理了，队列变得整齐了。在一次周一全校升旗仪式上，我们班的表现受到了表扬，还得了流动红旗，这次，我让大虎上台去领奖。当他听到我让他上台领奖时，他先是一惊，随后，立刻将身体站直，得意地大步走上了领奖台。看着大虎精神抖擞的状态和笔直的站姿，看来这个小体委的工作交给他真是找对人了。

之后，我和大虎家长共同为其建立了成长记录，只要孩子进步，不论大小都做好记录，并定期给大虎肯定与鼓励。现在的大虎每天早早起床，和爸爸一起晨练，克服了迟到的问题。作业也基本上能按时完成了。对老师也不排斥了，上课也认真了许多，下课见到老师还会主动上前问好……大虎方方面面的改变与进步，使我对他充满了更多的期待，同时，我对他的发展也充满了更多的自信。

（王茹　撰写）

【校长点评】

著名教育家陶行知先生曾对教师说过一句名言：“你的教鞭下有瓦特，你的冷眼里有牛顿，你的讥笑中有爱迪生。”教育是一种爱的艺术！而这种爱是无条件的和无私的，在具体的教育实践中则表现为教师对学生的关怀、宽容、耐心和责任心，正是这种无私的爱才能使我们的教育产生无穷的智慧和力量。

本案例中，王老师面对大虎的一些不当言行，从起初的束手无策、几乎丧失信心到直面挑战、积极应对，从应对中的挫败再到反思改进、家校协同、共同育人，处处体现了一个年轻教师的爱心、耐心和责任心。在这一过程中，王老师始终秉持尊重教育的理念，在尊重与信任中和大虎保持着良好的沟通，在肯定与鼓励中激发其进步，在指导与帮助中引领其成长。有理由相信，王老师对大虎的更多期待也一定会变成现实。

从“望子成龙”到“望子成人”

小翼的妈妈平时工作很忙，由于望子成龙心切，对孩子期望值特别高，从孩子小学入学开始，就特别关心孩子的学习，对孩子上课注意力不集中、爱说话等问题十分烦恼。而作为孩子班主任的我，便经常劝小翼妈妈说：“孩子还小慢慢来!”我还告诉她孩子品质很好，老师们都很喜欢他，孩子在校学习没问题，这些习惯我们慢慢培养。

我给小翼准备了一些字帖，让他在中午时间写字帖、练字，这样小翼有事干了，午读时间开始聚精会神地写字。我想这是好现象啊，我得趁热打铁。又给小翼一个任务，每天大课间为同学们开窗通风，上课前再关上，放学时还要负责关班级电脑。一开始他会忘记，经过我几天的提醒，小翼记住了他的任务，每天都能帮班级开窗通风，放学关电脑。他成了老师的一位得力小助手。

但事情并不像我想象的那么一帆风顺地发展下去，他并没有坚持多久。于是，我便和他妈妈协商，我们又生一计，就是每天我把小翼在校的表现写在记事本上，妈妈回家会看。小翼特别在意老师的评价，总希望老师把他每天好的表现写在记事本上，等着回家好给妈妈看。为了得到好的评价，小翼每天努力克制着自己，不让自己陷入课上坐不住、爱说话的状态之中。在我和小翼妈妈的一起努力下，孩子的问题得到了明显改善，有时课上偶尔插一句话，也会赶紧捂住自己的嘴巴。我能明显地感受到这孩子的努力和他课上想随便说话但又克制自己的那种挣扎，虽然他有时还需要老师的提醒，但在我的引导下，他和同学们说话的出发点慢慢地朝着好的方向发展，课上会提醒别人快点集中精力听课、练习，提醒别人注意倾听同学的发言等，自己注意认真听课、积极思考并主动回答老师问题。课余时间，他还主动帮助班里做一些有益的事。

2019 年 5 月 31 号，学校组织了一次跳蚤市场活动，在这个活动中，他跑过来给我炫耀他给家人买了哪些礼物，给妈妈买了小菜篮、给妹妹买了化妆包和恐龙橡皮，唯独没有给自己买。我问他："怎么没有你自己的呢?"小翼同学流露出了害羞的表情，没有回答我的问题。在晚上的朋友圈里我看到了小翼妈妈晒出了小翼送给他们的礼物，妈妈特别开心，说自家的小翼是暖男一枚。这件事我以为会就此淡忘了，然而学期结束时，我在评价手册里又看到了这些礼物的照片，我惊喜地感叹小翼的行为触动了妈妈心底那一丝温柔，让妈妈时刻铭记，并再次把小翼好的表现记录了下来。妈妈在评价手册里给孩子写了一段话："亲爱的孩子，父母对你高要求是相信你能达到，也许小翼会慢一些，只要努力就行，我们有耐心去等待。你乐于助人的品质是我们的骄傲，希望你永远健康快乐!"

小翼妈妈看到孩子方方面面的变化与成长，慢慢地，不再过度聚焦于孩子的学习，而是更加注重孩子的习惯养成与良好品质的培养。

（吴杨　撰写）

【校长点评】

在家庭教育中，"望子成龙、望女成凤"似乎成了每一位家长对孩子的期望，往往家长的这种期待还有点等不及的心态，这种心态又往往表现在对孩子成长中出现问题的不耐烦，恨不得一天就让孩子改掉。同时，家长的这种期待又往往过度关注孩子的学习，从小学一年级就聚焦孩子的学习成绩，这样，非常不利于孩子的健康成长。

本故事中，吴老师针对小翼妈妈的急切心情，通过与家长有效沟通，让她学会等待，慢慢来，并与她携手，从孩子课上坐不住、爱说话、不听课抓起，慢慢使小翼养成良好的听课和学习等习惯。与此同时，吴老师还针对孩子乐于助人的良好品质，让他负责班级的一些管理工作。这样一来，小翼的出色表现也渐渐地改变了家长对他成长的期待，使家长从一开始的“望子成龙、望女成凤”慢慢地变成“望子成人”了。

一个孩子的健康成长离不开家校的有效合作，但这种有效合作须建立在教育观念、培养目标、教育措施等协调一致的基础上，吴老师对家长的正确引导和孩子的改变让家长慢慢转变了家教观念，从而双方走向了更加有效的合作，让我们读后深受启发。

家访改变了小杰

作为一名新入职的班主任，我努力思考和寻找管理班级、教育学生的最佳途径。结合做班主任这段时间的心得，我认为要想真正教育好学生，关键在于教师必须拥有一颗由宽容、信任和尊重组成的爱心，遇到困难，不躲不绕，把工作做到位、做到家。

新学年开学，我接手四年级一个班的教育教学任务，并担任了班主任。我先向原班主任了解了班级的基本情况，得知班里有个叫小杰的孩子学习主动性相对较差，经常出现不完成作业的情况。虽然心里略有不快，我想还是要尊重每一个学生的发展差异，相信他们是在不断变化的，让每一个学生用行动呈现他们最好的自己。

刚开学时，孩子们保持着努力学习的劲头，而且没有不完成作业的现象，我暗暗高兴，以为凭借我对他们的信任与循循善诱的教育方式，他们保持良好的学习状态没有问题。可随着时间的推移，孩子们慢慢开始出现瑕疵。特别是小杰，他出现不完成作业的现象，且频率开始增加甚至科目也在变多，几次沟通却收效甚微，真是让我发愁。一天早上，小杰又没完成作业，于是我打电话和他妈妈进行了沟通，可能由于近期不完成作业的频率增加，妈妈当时便决定接孩子回家让其在家中完成，让孩子在家冷静几天。考虑到孩子在家的安全问题以及会落下功课，第二天我便又与孩子妈妈进行了电话联系。电话中孩子妈妈态度很偏激，而且和孩子还大吵一架，甚至固执地认为不能让孩子来学校，一定要给他一些教训。挂掉电话后，考虑到家长偏激的态度，我决定当天下班后，和副班主任一起去家访，以了解小杰出现这种问题的原因。

家访时，我分别与小杰及其父母进行了单独的沟通与交流。沟通后发现家长只是一味地要求孩子如何做，当孩子遇到困难时并没有给予帮助，甚至因为孩子的表现与其期望存在一定差距而倍感压力，从而导致孩子有问题不能得到家长及时有效的支持与帮助，不愿意与家长沟通。了解到这些情况后，我先向家长说明了孩子的想法，表明小杰的内心深处非常渴望得到家长的谅解、信任和理解，并且需要他们的温暖和关怀。然后我分析家长存在的问题，告诉他们孩子是发展中的人，要看到孩子的努力与进步，虽然小杰不如别的孩子进步那么多，但只要有一点点进步，我们家长都得给予肯定。此外，我们和家长还一起探讨了如何正确对待孩子的问题以及如何教育、引导孩子，帮助家长和孩子达成一致的目标，从而更好地引领和陪伴孩子成长。

这次家访之后，我明显地看到了小杰的进步，在校特别积极，课上注意力也集中了许多，也能够及时完成作业了，家长反映小杰回家也能主动学习，作业的质量也比以前好了很多。小杰的进步使家长十分开心，对我们的家访也十分感谢，因为家访让他们知道了孩子的想法与自身教育存在的问题，也明确了家校合作的目标和方向。

每一个孩子都是有想法的，孩子的心灵是脆弱的，他需要的是得到别人的理解、别人的关心和别人的呵护与尊重。我想如果当时我没有尊重孩子的成长规律，甚至仅凭了解到的情况和家长的态度来看待小杰同学，我可能就看不到他现在的改变，甚至他可能真的会失去对学习的热情。所以，老师在教育孩子时应给予他们关怀与尊重，肯定与鼓励，并及时与家长联系，商讨教育孩子的有效方法，了解学生在家及学校的情况，以寻找最佳的教育路径和教育策略，以帮助其树立自信，只有这样，才能更好地引领其不断健康成长。

班主任工作繁忙而复杂，对于刚参加工作的我来说，具有很大的挑战性，但我愿意在这样的教育实践中去探索，更乐意和家长携手一起陪伴每一个孩子慢慢成长。

（伊梦缘　撰写）

【校长点评】

苏霍姆林斯基说："相信孩子，尊重孩子，用心灵塑造心灵。"教师除了具有渊博的学识以外，给予学生必要的尊重和关心也至关重要，否则教师渊博的学识也会失去光彩。

在伊老师的案例中，面对家长偏激的态度，及时通过家访，与家长进行有效的沟通，让家长真实了解孩子现阶段遇到的困难，劝说其改变教育孩子的方式，不要急，慢慢来，并与家长就教育孩子问题协调一致、达成共识，有效融洽了亲子和家校合作关系，为更好地陪伴孩子成长扫清了障碍。在随后的教育中，正是由于伊老师和家长一起给予孩子关怀与尊重，帮助其树立了学习的信心，并使孩子发生了改变。伊老师作为一名刚参加工作的新老师，能相信孩子、尊重孩子、用爱心和耐心呵护孩子成长，难能可贵。

教育是一门艺术，在最恰当的时间、最恰当的地点、选择恰当的方式对最恰当的人做工作，往往能收到意想不到的效果。

孩子不急，我们慢慢来

七年级的小明是外来务工子女，父母的关注不够，学习习惯不太好。在课上，他总是用怀疑的目光望着老师，让很多老师不知所措。他在班里朋友少，与同学交流也不多，我曾以为他会放弃学习。一次偶然的机会，我成了他的学习伙伴，也开始了了解和改变他的历程。

那年我刚入职，走上众目睽睽的讲台，也只是纸老虎故作淡定。小明微胖，时常穿着黑色外套，坐在教室的第一排。每次我讲课，他都要“故作姿态”地看着我，时而皱皱眉头，时而摇摇脑袋，每次在我讲到最激动的时刻他都要用疑惑的眼神给我泼来一盆冷水，我顿时如霜打的茄子。他像一个冷峻的评委，时刻用他的目光鞭笞着我。几个星期的课下来，我被他的目光抽打得体无完肤，开始怀疑自己的能力是不是有问题。终于有一天我的心理防线崩塌，找到班主任白老师，向她请教我该如何处理。结果白老师笑声震天：“你想多了！这孩子稍微迟缓，听课又不太认真，所以自己常常叹气，在谁的课上都一样，不是针对你！”我长长地舒了一口气，也就是从那天开始，我不再惧怕小明，不再逃避他的目光。

一次偶然的机会，白老师找到我，希望我能辅导她班一个基础薄弱的学生，我毫不犹豫地选择了小明。

小明是河北人，为了上学方便，跟爸爸、哥哥在学校附近租了一个房间，妈妈为了工作，跟他们仨在同一城市里过“异地”生活。小明确实不太注重自己的生活习惯，爸爸和哥哥也不太管他。还有同学到办公室反映，小明身上的味道实在令人难以忍受，希望班主任老师出面解决。小明的书包里杂七杂八堆着一堆东西，常常为找张试卷要把整个书包翻个底儿掉。他在班里唯一的伙伴是几乎每天都迟到、上课总溜号的小豪。

我把自己定位为他的伙伴，我知道对于这样的孩子来说，不能急，要慢慢来。第一天带着他在学校自习，我给他爸爸打电话，定下的规矩是，每天在学校跟我学习一小时，然后我带着他回家，送到他家小区路口，他爸爸出来接。第一天课后，我把他留下来，并没有让他学习，我带着他整理书包、座位和练习，分门归类。第二天正式学习，带着他一起背《龟虽寿》，一个小时，愣没背出来。急性子的我要爆发了，只能不断地告诉自己不能急、不能急！回家的路上，跟他聊他的生活，我总要了解这个孩子，才能"知其所以然"。

小明喜欢游戏，回家就以游戏为伴。家人工作忙，基本没时间陪伴他。冰冻三尺非一日之寒，小明现在的状态也不是一朝一夕能改变的，游戏这个"玩伴"也不是立刻能从他身边走开。在学校的时间，我经常带着他梳理知识，完成各科老师的复习提纲。回家的路上跟他聊聊国际游戏大环境，他的游戏偶像们也是经过刻苦的训练才能名震江湖，所以没有勤勉刻苦的精神也不会走向成功，而且真正能达到职业选手的人寥寥无几，大多数爱好者还是以自己的生活为重点。

随着时间的推移，小明在学校学习的一个小时里效率越来越高，在校外的路上跟我的话也越来越多。临近期末，他仍只完成语数外三科的作业，他到家六点多，吃完饭，应该还有一两个小时可以看书，完成各科作业至少可以吧？但时常听见有老师反映他作业没完成。我仔细观察，发现他回家就基本把书包抛弃了。这些不良的信息绑架着我的辛劳，愈演愈烈，我又要爆发了，我再忍！我加他微信，留他电话，晚上回家给他打电话，检查作业。

就这样一直晃悠到期末，小明地理成绩有较大进步，其他学科也有了不同程度的提高，并且所有学科都及格了。不仅如此，小明比以前也阳光了，与同学间的交流也多了起来，看上去比原来自信了许多。

让我意外的是，期末考试试卷分析阶段，语文张老师把小明的作文给我看，他写着："她个子不高，眼睛很小，每天会带着我学习，还送我回家。为了我，她很晚才能到家……"是的，小明作文里的主人公是我，作文的题目是《欢迎你闯入我的世界》。

随之而来的是满满的感动。我时常想，随着时间的流逝，我跟孩子们的距离会越来越大，等我步入中年、老年时，我要如何站在讲台上面对他们？小明给了我答案，对真诚心灵的渴望，是没有年龄界限的。做教师这个行当，课程内容变化不大，课程的难度对所有老师来说不是太大的难题。但是每年、每月、每天都要面临不同的学生或者学生不同的心境，能及早遇到困难和解决困难，表示着我专业成长的步伐。从这个意义上，我感谢小明，小明的成长也是我的成长。我曾跟小明说过，我不期待着他突飞猛进，一个人的进步靠的是，我有耐心陪着他慢慢来，只要每次都能往前挪动一小步，持之以恒也会收获巨大。我也欢迎小明闯入我的世界，三年的时光不算短，小明咱们慢慢来！

（马瑞汝　撰写）

【校长点评】

从小明同学“疑惑”的眼神让老师脊背发凉，到后来弄清问题、老师勇敢面对，帮助他一点点养成学习习惯。马老师并没有因为小明的进步缓慢而气馁，反而多次尝试，最终走进学生的内心。简短的故事，让我们感受到一个新教师从站稳讲台到想站好讲台的努力。

马老师注重分析小明同学的家庭背景，能充分考虑到学生的成长环境，没有揠苗助长，亦师亦友地去改变学生，是尊重理念的切身践行。从学生最后学期的作文可以看出，学生感受到了温暖，从内心里是喜欢学校环境的，也是感激马老师的陪伴与帮助的，我们期待着小明会有后续的更多改变。

张弛陪我改作业

今天班里最坐不定，且最令我头疼的张弛在课堂上居然坐定了。更不可思议的是他还举手发言了！这是怎么回事呢？略一回忆，想起了课前的那一幕。走进教室，见他正低头捡着脚边的一张小纸片，我轻轻摸摸他的头，投去一个赞赏的眼神，悄悄地在他的耳朵旁说了句："你真棒，老师真喜欢你！"

难道，是这么一个眼神，一句话，让他开始改变了？要知道，这个刚入学没多久的孩子，每天都会因为调皮而遭到老师的批评。不管老师采取怎样的措施，均不见效，甚至还有变本加厉的趋势。看来，尊重、赏识真的很神啊！

于是，我决定开始猛烈的"糖衣轰炸"。

"我请张弛来解答，因为他是现在坐得最端正的小朋友。"

"我又要奖励张弛了，瞧他今天听课多专心啊！"

……

类似这样的表扬还有很多，在大家羡慕的眼光下，张弛狠命坚持专心听了一节课。看来老师们以为很难调教的他也有"软肋"。吃过午饭，张弛又开始"活跃"起来，整个教室成了他的天下。

我走到他身边，拉起他的小手："老师一个人在这里批作业有点孤单，你来陪陪我吧！"

"好啊。"他的小眼睛滚圆滚圆的，回答得干脆极了。

在我边上的他偶尔看看我教其他孩子做作业，显得很安静，也很自在。见他无所事事，我请他看《十万个为什么》。见他看得那么投入，我继续批改起作业来。

没过多久，我见他一个人站在那儿哭，眼泪“啪嗒啪嗒”往下掉。我站起身一边替他擦眼泪，一边询问他怎么回事。谁知他就是不开口，我一看，他手里书没了。而书的主人此刻正站在不远处看着他。

“是不是他把书拿走了，不给你看?”见我说中了，他哭得更伤心了。

“小龙,”我叫来了书的主人，“是不是以为他自己从讲台上拿了你的书看，所以你生气拿走了?”

“是的，他怎能自己拿我的书看?”他显得很气愤。

我轻声地告诉他：“书是老师借给他的，因为啊，他陪老师批作业，可乖了。”

见我这么说，小龙赶忙将书从讲台上拿过来，并放到了张弛的手里。这下，两个孩子才解开了心里的疙瘩，一个高高兴兴玩去了，一个津津有味地看起了书。

上课铃声一响，张弛乐颠颠地告诉我，以后每天他都要陪我批作业，因为今天他觉得好开心!

学业困难的学生，经历过更多的困难和挫折，内心里更希望被关注、被尊重，从尊重的角度出发，去关注他们、爱护他们、帮助他们、引导他们，尊重的力量足以让他们发生改变。

（陈播　撰写）

【校长点评】

每个孩子都是一个独立的生命个体，他们千差万别，个性、能力、兴趣各不相同。作为教师，我们要学会宽容，学会尊重，学会理解，这样才能真正走进学生的内心，成为他们信赖的良师益友。

本故事中，陈播老师面对学生张弛坐不住、精力不集中等问题，为了帮助他养成专注的良好习惯，陈老师通过各种方式，让学生感受到了教师的关爱、鼓励、帮助，如：轻轻摸摸学生的头，投去一个赞赏的眼神，告诉学生“你真棒，老师真喜欢你”，主动请他回答问题并给予肯定与表扬，让他陪教师改作业并请他看《十万个为什么》……在这样的陪伴中，慢慢地帮助张弛养成了良好的习惯。

著名教育改革家魏书生曾说：“教师应具备进入学生心灵的本领。育人也要育心。只有走进孩子心灵世界的教育，才能引发孩子心灵深处的共鸣。”当孩子委屈哭泣时，必然有他的原因，教师要善于捕捉细微处，洞察孩子内心的想法。当孩子感受到教师的理解与关爱的时候，那也将是孩子主动拉近彼此心的距离的开始，这时，教师对孩子施加的影响也最有效。

教育，应该是体贴的呵护

小倩是八年级的一名普通又特殊的学生，家庭的特殊性使得小倩的性格自卑又高傲。

在校本化学课上，不论是动手操作还是平时听讲，小倩都不能将注意力集中在课堂学习中，甚至还会影响其他同学，我多次对小倩进行批评教育，希望她能有所改善，但没有效果，小倩在课堂上的表现与之前相比有过之而无不及。

在航天 STEM 选修课上，小倩“变本加厉”，不但不遵守正常的课堂秩序，而且与他人说话、吃东西、玩玩具，还不参加小组活动，给正常的教学带来了很大困难。“忍无可忍”下，我当众批评了她并让她反思。本以为小倩能有所收敛，没想到的是，在我问她是否认识到错误以及为何要破坏课堂教学秩序时，她回答道：“老师，我觉得我不参加，我们组也会做好，我不想参与，他们也不需要我的参与。”自卑又高傲的回答让我无言以对。

事情发生之后，我从小倩的班主任处了解了她的情况：父母离异，从小与父亲生活，但父亲对她疏于关心与管理，造成了她现阶段希望被关心、害怕被排挤，但同时又极为敏感，不希望被他人同情的矛盾心理。我意识到对小倩的教育方式不妥，之后，我便做出了改变。

再一次课上，小倩仍旧我行我素，扰乱课堂纪律，为了保证课程顺利进行，我想，必须及时纠正她的行为。这时，我没有批评她，而是对她进行了提醒。课后，我与她进行了沟通，试图了解她这样做的真正原因。起初的五分钟，我所有的询问都没有得到回答，我耐下性子，继续不急不躁地与她聊天。内容从课堂聊到家庭，从一个学生的成长聊到了我自己的求学经历，慢慢地，小倩开始向我吐露心声。

小倩眼眶红红地说："老师，我不想参加选修课上的活动，是因为他们不需要我，我只会拖后腿，他们都不喜欢我。"

我说："为什么觉得大家不喜欢你呢？我从你们道德与法治课的王老师那里了解到你曾是她的课代表，她说你的成绩还可以，很多事情也都做得很好。"

小倩哭了，抽泣着说："老师，王老师真的这么说吗？是您安慰我吧？我的成绩不好，经常被老师批评，同学们也不愿意理我，我自己长得丑，还是单眼皮，没有一点儿优点。"

我赶紧说道："确实是王老师亲口告诉我的！人的美丑更多是由个人气质决定的，再说你长得不丑啊。老师批评你肯定都是有原因的，你是不是应该想想自己哪里做得不对呢？"

小倩拉着我哭得更凶了："老师，我什么都做不好，学习又不好，做什么事也做不好，老师、同学都不喜欢我。"

我急忙安抚她的情绪："你和小嫣的关系就不错嘛，而且我也发现小艺也经常在学习上帮助你，她们两个肯定是喜欢你的。所以你不要盲目地否定自己啊。你为什么觉得很多同学不喜欢你呢？"

她哭着说："你看这个班里，我们组都没人愿意跟我说话！"

"哦。那并不是他们都不喜欢你。"

"那是为什么？"小倩的情绪逐渐稳定下来。

"上课的时候就应该遵守课堂纪律啊！不光你们学生要遵守，老师一样也得遵守规则，违反的人应该受到相应的批评教育。只有这样，大家才能都有所收获，才能不浪费时间。你说对吧？"小倩听到我的分析，低下头思考着。

我赶紧说道："大家都是来学习的，所以你也得有自己擅长的科目或者技能才行。很多事情只要你用心去做，就肯定能做好！你是道德与法治课代表，是不是就在道德与法治上比较努力？"

"是的。我不能让信任我的王老师失望！"小倩看着我坚定地回答道。

“你看，你并不是什么都做不好，只不过没有努力嘛！而且我还发现你的笔记做得很详细、工整，我正准备在下节校本化学课上给大家展示你的笔记呢。可以让我给大家展示一下吗？”

“我写得不够好吧？您在安慰我。”小倩心虚地说。

“真的写得很好了，字迹工整、内容详尽，排版还很好看。而且你还在我强调的重要知识点上贴上了五星做标注！我说的对不对？”我笑着询问道。

“嘿嘿！”小倩不好意思地笑了，“那好吧！”

“好的，希望你保持住啊，再多努力一点，我相信你能有很大进步的！”我也笑着说。

经过此次沟通交流，小倩上校本化学和航天 STEM 课程的课堂表现大有改观，甚至可以用“令人惊喜”来形容。课堂上，她不仅能认真听讲、踊跃回答问题，还能主动参与到小组活动之中，积极出谋划策。她们组设计的航线海报还得到了集群航天 STEM 课程总负责人的表扬——“她们的海报设计很有创意！”

经此一事，使我意识到，教育不是将自己的做事方法和准则强加于他人，而是尊重学生的成长背景，尊重学生的个性差异，从学生的角度考虑问题，讲究方法和策略。与学生的交流不能有先入为主的观念，要相信每个学生都有自己的优点，肯定优点、包容缺点。因为学生的行为不论错与对都有其原因，要动之以情，走近学生，了解学生，多一点理解，多一点关心，多一点包容；要晓之以理，用真实的案例对其进行正面引导，尤其与学生分享自己的人生经历，将自己相对成熟的观念分享给她，让她感受到你对她的关心与呵护，她才能接受你的教育；要导之以行，要对学生实施有效的引导，关键是教师对学生的日常表现要多观察，对她的进步或闪光点要及时肯定、及时鼓励，并循序善诱加以引导，这样坚持下来，学生才能慢慢转变并最终走向良性的发展轨道。

通过对小倩的引导，我意识到教育不是千篇一律的机械重复，而是尊重个体差异、呵护成长的过程。之后，我以平等的身份对待每一位学生，做到真诚的“以心交心”。以前不写作业的现象变成了现在的“老师，给我换个作业吧”；公式化的问好变成了现在的“杨老师，我是您的小喇叭”“老师，我有个困惑”等等。渐渐地，有些学生开始向我倾诉学习中甚至生活中的困难，师生之间的关系也更加温暖亲近了。通过这样的改变，学生的学习积极性提高了，跟我的关系更近了，也让我更加深入地了解了学生的学习情况和心理状态，教育教学的方式方法也更加有效了。

（杨丽君　撰写）

【校长点评】

卢梭说：“要尊重儿童，不要急于对他做出或好或坏的评判。”教育的意旨并非知识的累积，而是心智上的能力的发育。尊重教育就是以学生为本，真正从学生的需求和问题出发，找到最合适的方法而因材施教。

在本案例中，面对在课堂上屡次“捣乱”的小倩同学，杨老师一开始对小倩批评教育没有见效后，她马上调整了教育的策略，并以体贴的询问开始了和学生小倩的沟通与交流，用包容和爱化解了师生之间的隔阂。同时，针对小倩的自卑与自信心不足，杨老师通过帮助她寻找自身的闪光点，给予她及时的肯定与鼓励，与她分享自己的人生经历等方式，使小倩感受到老师对她的关心与呵护，从而引导其逐渐纠正自己的错误认知，慢慢地使她开朗、阳光和自信起来。在这一过程中，杨老师对“问题学生”的体贴与呵护让学生感受到了理解与教育的温度，她的做法真正体现了尊重教育的思想，取得了成功。其间，杨老师的主动反思与不断行动，也使她对教育有了更加深刻的理解与感悟，自己也实现了成长。

课代表上课睡觉了

小王是七年级的一个学生，他数学学得还不错，所以班主任介绍他做我的数学课代表。

新学期伊始，他还算积极，收发作业都会来找我，虽然课上有点不太认真，但本职工作还能完成。随着时间的推移，他的性格弱点也显示出来了，开始有点懒散，收作业时晚收，发作业都找不到人，数学课上竟然睡觉。一开始，我很严厉地批评了他，并跟他说如何才能做一名合格的课代表，但没有任何效果。

有一次，我嘱咐他在上课前把作业发了，我要讲评作业，但他却跑去踢足球，丝毫没有责任心。我实在忍无可忍，于是就对着他大嚷了起来，并当着其他学生的面又狠狠地批评了他。本以为他会有所改善，但却不能如愿。因此，我决定再找一个优秀的课代表和他搭档，一是为了保证整个班数学作业的收发，二是希望有个人能带带他。可是这样一来，他更觉得可以什么都不干了，天天只有另一个课代表负责工作。而他天天浑浑噩噩，上课睡觉，有一次下课了，叫他去收作业，他居然直接说我要睡觉，又趴了下去。

这是怎么回事呢？我找到孩子的奶奶，了解到孩子很小的时候，父母就离异了，从小就跟着奶奶长大，奶奶心疼他父母不在身边，对他也缺乏管教。之后，我开始反思我的教育方式，并对当着其他学生的面狠狠批评小王的举动而懊悔。一天课后，我找到小王，对之前批评他的事，向他真诚地说了一声“对不起”。当听到我真诚的道歉时，小王有点不太自在，也感到不知所措，就说：“老师，是我没有做好，辜负了您的期望。以后我一定做好，请您放心！”

自那以后，我晚上经常用微信与小王沟通，询问他数学作业完成的情况，跟他聊聊最近的生活状况。他告诉我很喜欢动漫，问到为啥作业收发不及时，他解释道他从小就这样，而且有时候他害怕老师，我严厉批评他时，他都不知道该怎么办。于是，我在他的作业本上写了一段话："可爱的小王同学，其实你特别聪明，我也很喜欢你爱的动漫。你知道吗？你在数学上特别有天赋，我特别希望咱们能一起学习，我希望不仅仅是你的老师，还是你的朋友！"等收作业的时候，他在下面用扭捏的字清楚地写道："老师，我会努力的，您放心！"

考虑到小王小学时并未担任课代表，缺乏工作经验，于是，我课间将他找来，和他一起制订课代表每天完成任务的明细和时间，并让他制成了一张任务表：

时间	任务
第一节课之前	将作业送到办公室
上课之前	将作业拿回教室发放
下课之后	将今日作业写在黑板上
中午时间	帮助老师检查学生改错

他对我承诺说，一定能按任务表完成课代表的工作，并表示会积极地当好课代表的！我微笑着告诉他："老师相信你一定可以的！"

之后，他做数学课代表的工作特别积极，学习也特别努力，还能够帮助别人，全然变成了另外一个人。我适时在课上表扬他的进步，使其体会到他的努力老师都看在眼里。他干活儿的劲头更足了，还经常跑到办公室来询问："老师，有什么工作需要帮忙吗？"我也会安排他去辅导其他同学，他领取任务后，利用课间时间给班上基础薄弱的同学讲解不懂的地方，讲完后还拉着他们到我这测试，我十分欣喜他的改变，也将他立为班级学习的榜样。班中有一部分学生也学着和他一样帮助小组内其他学生，自发地为集体的进步努力。

此后，在处理学生类似问题时，我改变了以往的急躁心理，摒弃了自己对学生的固有偏见与主观判断，站在学生的立场上，设身处地，以学生的眼睛来观察，以学生的心灵来感受，以学生的观点来思考，这样去琢磨学生的心理变化。与此同时，我放下架子，主动打开自己的心灵之门，将自己真实的内心世界、所思所想、经历经验、情绪感受、观点态度等适时适度地、自然真实地与学生分享，让学生看到角色面具之外的鲜活的教师，实现了与学生真正的心灵互动和平等沟通。这样与学生心灵的相通与共鸣，使我真正成了学生的知心朋友，在这种和谐的、亦师亦友的师生关系中，我潜移默化地引领着学生们的成长，也获得了极大的成就感与幸福体验。

（汪继清　撰写）

【校长点评】

在日常的教育实践中，教师在处理学生各式各样的问题时，最常用的沟通方式是面对面的谈话。谈话时，教师通常习惯于指出问题，命令学生去改正问题，这样，把自己的意志强加给学生，这时的批评教育就会失灵，甚至让学生逆反，也让教师一筹莫展。造成这一问题的原因尽管比较复杂，但主要有以下三点：一是教师没有真正尊重学生，没有把学生看作是一个独特的生命个体的存在。二是教师没有换位思考，没有理解学生。三是没有平等地对待学生，沟通缺乏真诚与互动。

师生沟通要求教师平等看待和尊重学生，且这种平等和尊重不是教师好心恩赐给学生的，也不是教师被迫给予学生的，而是教师相信、看到并珍视每一个学生的独特价值和潜能所在，相信每一个学生都有改变和成长的动力与能力。正如教育心理学中提到的“皮革马利翁效应”和“罗森塔尔现象”，教师如果能够真正地爱护学生，关心学生，那么学生就会如老师希望的那样不断进步。

本案例中，汪老师在处理学生问题受挫后，她及时反思，调整策略，“尊重、平等、信任、真诚、帮助、引导”成了她解决问题的法宝。策略的调整不但打开了学生的内心世界，而且使学生感受到教师的真诚与关爱，从而师生关系亦师亦友，走向了合作与成长。

不想当课代表的学生

2019届毕业典礼最后一个环节——学生向老师献花，下台时，安同学跟在我身后悄悄跟我说："马老师，其实我也想给您献花。"我心里甜丝丝地说："我手里的献花代表所有同学的心意，都收下了。"他莞尔一笑。刚接班时的一幕浮现眼前……

刚接手这个班是在初一下学期，还没进教室与全班学生见面，安同学来办公室跟我说："马老师，我不想再当数学课代表了，您重新选一位吧!"我十分惊讶，心里不禁一颤：这是对我的不认可吗？但还是故作淡定地说："为什么不想当了呢?""我跟以前的老师也说过，就是不想当。"我答应他说："我考虑一下吧，看如何再选一位，但第二天的作业你还得负责收。"他同意了。

在以后的一段日子里，安同学课上总是无精打采，昏昏欲睡。回家作业经常不做，偶尔做了，也做不完整。课间让他来办公室补，很快也能补完。于是我多次找他谈话，希望他能以学业为重，认真听讲，按时完成作业，争取进步。他口头上答应得好好的，"老师，放心！今天作业我回家一定会完成，明天肯定能按时交上"，可是他就是"语言的巨人，行动的矮子"，第二天依然如故。每次都被他气得无语，心都凉了，曾多少次想还是算了，或许他真是"朽木"，但又觉得身为教师，常常教育学生遇到难题勇于挑战，自己不能因为一点困难就退缩，我得想法去了解和改变他。

我觉得他内心肯定存在什么苦衷，不然凭借他敏捷的思维不会如此消沉。于是，我经常关注他，找他的闪光之处，有意识地表扬他。在课上也尽量多地给他发言的机会，抓住机会及时给予肯定与鼓励，让他看到自己的进步，也感受到成功的喜悦。在课间，也有意识地询问他的学习等情况，经常利用午读时间与他谈心，让他体会到我的关心、爱护与鼓励，这样一来，慢慢地取得了他的信任。一次我和他沟通交流时，他终于向我打开心结，吐露心声。得知他在单亲家庭长大，小学是在外地跟着姑姑生活上学的，初中才转来北京跟爸爸一起生活。由于跟爸爸关系生疏，自己习惯也不好，父子关系紧张。一次争吵中爸爸说了“你考上高中我也不供你”的气话，安同学一直铭记在心，学习没了目标，觉得自己学不学无所谓，干脆放弃。

为改变安同学的这种学习状况，我曾试图联系他的爸爸并进行沟通，但都没成功，后来了解到他爸爸常上夜班，父子俩常处于冷战状态，即使找他爸爸，肯定监管也跟不上。没办法，我只能先从学生这边做工作。我建议安同学可以将老师当作倾诉和交流的对象，把自己的心情写下来，就叫“心情印记”。在心情印记中，他向老师倾诉孤独、困惑、迷茫。我也经常回复给他一些鼓励的话，更是抓住他想摆脱家庭的契机，帮他制订学习的阶段目标和学习计划。在我的激励与引导下，安同学的学习态度端正了不少，但还是会有反复。

有一次上午第一节课，安同学眼皮打架，哈欠连天，根本无法投入学习；午饭后早早趴在自习室睡着了。询问缘由，居然晚上在家看电子书到后半夜，生物钟颠倒。各科作业都没做，班主任说到做到，采取没收手机的处理方式。所有老师轮番上阵，苦口婆心分析利弊，他仍无动于衷。

午读时间，我将安同学请到操场，我们一边散步一边聊天，我心平气和地问：“小安，对今天课上的状况，我相信你是有原因的，能解释一下吗?”安同学眼里充满埋怨，嘴里喃喃道：“说了也白说。”看来昨晚家里发生的事对他打击很大，我说：“不妨说来听听，看老师能不能帮你?”安同学眼睛红红地说：“昨晚，本来打算认真地写作业，但满屋子的烟味呛得我一直咳嗽。我知道这是我爸又在客厅抽烟了，我走出卧室跟我爸说：‘爸，别在家抽烟了，……’谁知，没等我说完，我爸就发火了，说：‘在家抽烟怎么了？这是我的家，哪有儿子管老子的?’我就气愤我爸为什么这么不讲理，而后一直看电子书到后半夜。”说着眼泪夺眶而出。看来，安同学已经下决心要努力学习了，但是和爸爸紧张的关系可能会是不定时“炸弹”，并成了前进路上的“拦路虎”。于是我安慰他说：“昨晚的事确实是爸爸做的不妥，爸爸还有什么做法影响你学习吗？一块儿跟老师说，我跟你爸爸沟通一下。”安同学说：“没有了。”我当天就联系了安同学的爸爸。

为了教育和引导安同学，并督促其学习，我感到了自己力量的不足，于是发挥同伴的力量，特意安排了责任心强、乐于助人、学习成绩优异的同桌帮助他。首先跟同桌进行了交流，想让他认领“小徒弟”，耐心帮助安同学，督促其进步，同桌爽快地答应了，并充分利用课余或课上时间帮助安同学。后来，安同学取得一点儿进步时，我除了表扬他，还表扬帮助他的同桌，他们的学习热情逐渐高了起来。在同桌的帮助、自己的努力下，安同学的学习成绩有了显著的进步，而且其性格也开朗起来，变得阳光了许多。为此，我感到由衷高兴。

期中过后，安同学有了很大进步，我便抓住机会表扬、激励他。在一次家长会后，安同学的爸爸也主动找到我聊起了孩子的学习情况，有哪些不足需要改进，需要家长如何配合等。我们一起分析，说进步找差距，树立短期学习目标，并考虑到孩子的未来发展问题。我建议回家后家长和孩子一起总结得失，多和孩子谈谈心，及时进行沟通。

到了初三上学期，在尝到自己成功的喜悦后，面对同学们都在为中考拼搏的氛围，安同学的学习开始步入正轨，成绩也稳步提升，他还为自己树立了上区重点高中的阶段性奋斗目标，并对自己的未来有了一个大体的规划。我抓住这个契机与他谈心，鼓励他的点滴进步，并结合自己的成长经历，和他畅谈理想与未来的规划。这时，我发现他成熟了许多，也开始为自己的学业着急了，面临中考，对于落下很多的数学，他请求我每天放学后给他补习半小时，我欣然同意，并一直坚持到中考最后一周。

中考成绩公布后，安同学达到了区示范性高中录取线，最后几个月的努力拼搏终于换来了可喜的成果。这期间，我陪伴安同学经历了逆境奋进，后起直追，使他学会了坚持不懈、直面困难与脚踏实地，我想这要比他的成绩更重要，这些经历和其形成的意志品质将是他未来成长路上的一笔财富。

（马彦芳　撰写）

【校长点评】

爱是一种最有效的教育手段，教师的关心与呵护可以温暖一颗冰冷的心。爱需要等待，当学生体验到老师对自己的一片爱心和殷切期望时，他就会变得“亲其师，信其道”。

学生的转变，可能与别人没法比，而且有时会有反复，但当与他自己比时，我们往往更能看到他们的变化与进步。本故事中的安同学由于家庭成长环境的缘故，用“破罐破摔”的态度对待自己。在纠正其不良行为与学习心态时，马老师开始接近安同学，深入了解安同学的成长背景，分析他产生问题的原因，制订应对的策略“对症下药”，还与他建立了朋友式的师生关系。与此同时，马老师还经常与他聊天，在生活上、学习上给予他更多的关心与帮助，并用真诚来感化他，使安的内心产生一种被信任、被尊重的情感，从而找到了让他转变的突破口。这其中体现了马彦芳老师对学生足够的爱心、耐心、责任心。这个故事让我们看到，教师在平凡的岗位上做着多么不平凡的工作，这就是教师的伟大所在。

遇见“哮喘” 的考生

刚到北京教科院丰台学校上班，我负责初中女生的体育教学工作。据了解，九年级有几名学生身体素质不是很好，中考体育的时候可能够我忙活一阵的。其中小 H 被重点点名要我关注，因为听说她有“哮喘”的毛病。

的确，作为体育教师最怕的不是学生身体的肥胖和动作不协调，而是学生身体有病，尤其是呼吸系统和心脏疾病。因此，我告诉自己在安排体育锻炼时，可一定要多注意这类学生的运动负荷。小 H 给我的第一印象很好，她爱笑，很活泼，总是主动向我问好，虽然我刚刚开始教她，但她却没有给我太多陌生感，而且这个女生班的整体氛围也还不错，这让我略感忐忑的心放下了不少。

九年级这一年，事关中考，每个人精神上都比较紧张，在备课的时候，我会拿出一部分时间锻炼她们的心理素质，因为往往总是有一些学生明明能够获得优秀成绩，却因为紧张心理导致肌肉紧张变形，不能放松做动作，最后动作失误而没有取得预期的成绩。通过一个学期的观察，我发现小 H 同学还是具备一定的运动能力的，她身体协调性和肌肉力量也不错，只是因为“哮喘”禁锢了她的心理，一进行耐久跑她就心里打鼓。之前我和班主任以及她的妈妈三方沟通，带着她去医院进行过检查，但并没能开具不宜参加体育锻炼的“哮喘”病例证明。所以这个“哮喘”只是她自以为的，已经发展成了心理问题，让她变得不自信的同时，也成了她博取同情和偷懒的砝码。

在别的学科学习上，“哮喘”的问题影响并不是很大，但是每次体育课上，每当有耐久跑或者强度较大的跑步练习时，她就会“犯病”，这不得不让我更加担心，也更加关心她。我开始或刻意或随意地与她谈心，想帮助她逐渐放下心中的顾虑。站在她的角度思考，我也能体会到她的担心并不是多余的，每一次她难受时的眼泪也真的不像是装出来的，所以我会对她进行差别对待，在安排练习量的时候，我会相对给她减少跑的长度或者降低跑的强度，在她能力范围内进行锻炼。

一段时间后，在课堂上我发现了一个好的迹象，每次课堂上到了耐久跑练习环节时，她不再直接选择放弃练习，而总是努力跟着同学们跑上300—400米，“难受”了才不得不停止练习。其实我都清楚，这是耐久跑中“极点”现象产生时的身体反应，可能只是比别的同学反应大了一些，而且她本人克服“极点”的能力弱了一些，每每这个时候我从不直接批评，而是选择表扬和鼓励，给她讲解如何克服“极点”，顺利到达“第二次呼吸”。有的时候她真的喘得厉害，眼泪横流，的确有些吓人，但我发现她能够听着老师的提示慢慢放松下来，从起初可能需要5分钟平复下来，到后来需要3分钟，再往后1分钟……她在慢慢适应，我也在适应她的节奏，逐渐找到了适合她的练习和缓解方法。

但是眼看着体育中考在即，时间一点点迫近，她选择的现场考核三项中，篮球运球绕杆和仰卧起坐两项基本能力较强，发挥超常的话可能会得到两项满分。唯独800米这个项目，她在每次课上的训练中虽咬牙坚持，但都没能顺利完成，我也很担心她。如果想免于考试，必须要有医院的证明，而且免试就只有及格的成绩，但如果去现场考试，发挥好可能会取得更高的分数。就在左右为难之际，我选择和班主任一起再次与家长详谈商量一下对策。最终家长决定带孩子去医院再次进行彻底检查，如果真的有问题，就决定让小H选择“免体”，毕竟不能拿健康做赌注。如果小H的检查报告一切正常，那我就选择在课上再寻找适合她的训练方法进行身体和心理两方面的锻炼和疏导，帮她战胜心理障碍，不但使其参加考试并取得更好的成绩，而且也使她更加自信起来，这也是家长和孩子的共同愿望。

最终，经过一番检查，小H的各项检查报告均显示正常，也就是再次证明，她很健康，并没有她所以为的“哮喘”的疾病。这项检查报告以及她家长的支持，给了我足够的勇气，我坚信她只要能够克服心理障碍，一定能够收获属于她的“新鲜空气”和理想成绩。

由于健康报告拿到的时间较晚，不得不在体育中考时给她办理缓考，但也就是这一周多的缓考时间给了我和她足够的时间更有针对性地进行练习。值得欣慰的是缓考的这段时间，有两位闺蜜朋友一直陪在她的身边，与我一起鼓励她、帮助她。她真的很努力在练习，800 米从最初的不能完成，到后来能跑完 400 米不怎么喘，到后来能坚持跑完 600 米，再到后来咬牙坚持跑完 800 米，这个过程现在我写起来可能觉得很简单，但对于小 H 来说，她已经太久没有完成过 800 米的完整跑了。一个多星期的时间，她的心理障碍的逾越可以用大跨度来形容，我也一直在感慨，有很多时候我们很难逾越的可能不是身体的问题，而是心理的问题。当心理障碍卸下来的时候，整个人获得的不只是轻松，还有自信和更加理想的成绩。当然，后来我也在反思为什么没有更早地要求她再去检查身体，而是在不得已时才为之，思考很久，我觉得也许这个时间节点才是最好最快治愈她心理问题的最佳时间。

这一个多星期的缓考时间，我给予她的尊重和信任以及她自己的努力，让她在体育中考现场考核中得到了优秀的评价。她考完走出田径场看到我的一瞬间就掉下了眼泪，并兴奋地说：“老师，我成功了！800 米终于坚持下来了。老师，特别感谢您，如果没有您的陪伴与鼓励，我不可能完成这么艰难的任务。”那一刻，我紧紧地抱住她，又给了她爱的鼓励，我对她说：“你已经很棒了，短时间内突破心理障碍，取得了理想的成绩，这是你努力的结果，过程的确很艰难，但是你坚持下来了，这一切都是最好的结果。在今后的成长中，可能还会遇上类似的困难，只要突破自我，坚持努力，相信你一定会有一个全新的自我，继续努力！老师相信你！”

这一路的陪伴，让我感受到了爱与被爱的温暖；这一路的陪伴，让我见证了学校、家庭、个人之间互相尊重的成果；这一路的陪伴，让我看到了坚持的可贵；这一路的陪伴，让我们更加坚信体育的力量。我想，这一次的逾越，一定会对她今后的人生产生影响，在耐久跑上她知道了自己可以，她知道了自己很健康，她知道了只要坚持就能赢得全新的自我。

（杨超　撰写）

【校长点评】

义务教育《体育与健康课程标准》中提出“健康第一”的指导思想，强调实践性特征，突出学生的学习主体地位，注重增强学生的体能，培养学生坚强的意志品质，为学生终身参加体育锻炼奠定基础，促进学生健康、全面发展。

本案例中，针对小H同学因“哮喘”而不敢参与体育训练的问题，杨超老师首先想到的是学生身体健康的安全，在医院复查确定小H同学可以参加正常训练时，为突破学生的心理障碍，杨老师一直指导、陪伴并鼓励着她进行了循序渐进的训练，并一次次地实现了突破，从而增强了学生的信心，最终体育中考获得了优秀的成绩。对小H同学来说，成绩固然重要，但更重要的是她通过经历这一过程，其心理素质与意志品质有了前所未有的提升。这一切，是杨老师努力践行并落实课程标准要求，尊重学生个体差异，因材施教，因势利导，陪伴鼓励的结果，是学生尊重、信任老师，愿意在杨老师的陪伴下付出艰辛努力，逾越心理障碍，战胜困难的结晶。

杨老师的体育与健康课是真正以增进学生身心健康、培养学生终身体育锻炼意识和能力为主要目标的课堂。这一生动案例也是真正将学校尊重教育理念内化于心、外化于行的真实写照。

藏在心底的那道光

小阳是一个非常活泼好动的孩子，他的活泼程度可以用“熊孩子”来形容，经常在课间或课上搞小动作，这让老师们都苦不堪言。班主任及任课老师多次找他谈话都没有改变，他表现出一副无所谓的样子，甚至还有几次对老师说了一些不礼貌的话，依旧不是课间趁着英语老师回办公室拿东西时将她刚刚写好的板书擦掉，就是在语文课上突然从座位“转移”到地上摆弄着什么。谁也没有想到，就是这么一个让老师头疼的孩子，因为一部心理剧而发生了改变……

针对学生中常见的心理问题，我组织设计了一个题为“珍贵如你”的校园心理剧，内容是聚焦人际交往中的师生关系，通过搭建贴近学生学习生活、对学生视觉和心灵上具有冲击性的场景，帮助他们构建美好和谐的师生关系。为选取合适的素材和背景，我走访了各年级组并搜集素材，对学生小阳的情况又做了更加全面的了解，小阳父母是做生意的，工作很忙，小阳从小和爷爷奶奶生活在一起，而爷爷奶奶对他也疏于管教，因此，他才有了现在的样子。

所有的素材整理完毕后，我和白老师、赵老师组建了一个心理剧社，并开始了心理剧本的创作，经过对剧情的反复商讨和打磨，最终确定的剧名为“藏在心底的那道光”。故事讲述的主要内容是：一个由于缺少家人的关爱而孤独、自卑的学生一菲，在学校时经常“刺”痛老师和同学，但赵老师没有放弃她，在她生病没有家人陪伴时对她说：“没关系，我来照顾你”，最终在老师无微不至的关心下，一菲慢慢变得温暖、开朗、乐于助人、积极向上起来。后来，长大后的一菲在教育自己的孩子小雨时，用自己的亲身经历及参加赵老师的退休仪式等方式，潜移默化地感染了小雨，让小雨真正认识到自己的错误，理解了老师的良苦用心，诚恳地给老师和同学们写了一封道歉信。

剧本创作完毕后，我决定邀请小阳参加心理剧的表演，希望能给他心灵上的冲击，以促进其做出改变。当我把想法告诉他后，他瞪大圆圆的眼睛，微微起伏着嘴角，吃惊地望着我说："老师您确定让我参加表演？我估计您是没听说过我吧?"惊喜中又夹杂着失落和无奈。"我听说过你啊，经常帮办公室老师浇花，而且把花养得特别好。"我用非常轻松的语气回答他。一会儿他露出了一副"你敢邀请我，我就敢演"的样子说："既然您邀请我参加，那我就试一试，能不能演好我可不知道啊。""你只要用心，肯定没有问题的。"我笑着告诉他。沟通结束后，他有点忐忑地走出了办公室。

角色确定了以后，很快我们进行了第一次演员碰头会，当小涵看见小阳时脸上表现出了疑问的表情，并脱口而出："就他……""我怎么了，你别瞧不起人!"小阳气愤地说。"我就等着看你怎么演好同学乙这个角色，恐怕你连台词都记不住吧!"小希阴阳怪气地说。"我……"小阳还想回击什么，被我制止住了，我告诉大家有一周的时间背台词，一周后进行第一次排练，希望大家认真对待，互相配合，拿出自己最好的状态。接下来的一周，没有听到任课老师对小阳的"控诉"，老师们都在为他能安安静静地上课而感到吃惊，课间经常看见他拿着一张纸边看边嘟囔着什么。在后来的排练里，尽管剧里小阳要说的话也没几句，但他依然用符合情境的语气，准确地说出了自己的台词从未出错："什么情况（吃惊地说）？太期待这次家长会了，爸爸妈妈一定会表扬我的，终于能够得到那双球鞋了，耶！（开心地笑）赵老师，谢谢您没放弃我……"同学们都投来了惊讶的目光，小阳甚至还和大家一起探讨剧本中小一菲面对老师的提问，说出"我不会""不会就是不会，哪有为什么"的台词时，表现应该是懒洋洋地站起来，眼神不屑地瞥向了别处，这样更贴切。同学们听了他的提议，都觉得有道理，便自发地为他鼓起掌来，这时，小阳的脸上露出了灿烂的笑容，并偷偷地看我一眼，仿佛在问我："老师，我没有让您失望吧?"我朝他竖起了大拇指。

最终，我们圆满完成了心理剧的展演及录制任务，我决定再与小阳做一次沟通。这次，他收起了上次跟我沟通时无所谓的样子，不好意思地走进了办公室，我示意他坐下，他边坐边挠头，这是我第一次见他这么腼腆。沉默了几秒，我告诉他不用紧张，找他来就是聊一聊，只见他深深地舒了口气，嘴里还嘟囔了一句："我还以为我又犯什么错误了呢。"我问他为什么会这么想。他说："一般老师找我都是因为犯错误。"通过之前对他的了解，我问他是不是内心感到很孤独，希望得到同学们和老师的认可，他轻轻地点了点头。当我告诉他今天找他来是想表扬他时，他吃惊地问："真的假的?""当然是真的，这次心理剧虽然你没说几句台词，但你的台词、语气、动作都非常到位，演得很好！何况老师们都说你最近再没有恶搞什么，表现不错!"我认真地跟他解释着。只见他不好意思地笑着低下头说："我搞那些小动作是为了引起老师和同学们的关注，寻找点存在感。"我告诉他可以尝试换一种寻求大家关注的办法，例如上课认真听讲，多帮助同学，认真完成老师交代的各项任务，得到老师和同学们的好评等，不是只有搞小动作才会引起大家的注意，而且那是一种不尊重他人的行为。他冲我点了点头，还跟我分享了好多他的心里话。最后，聊天结束的时候我告诉他："有心事的时候可以随时来找我，我愿意做你的倾听者!"小阳激动地点了点头。听了小阳敞开心扉的诉说，我觉得更应该多给他一些关心和爱护。

第二天，我的桌子上多了一封小阳写给我的信。信中说，他通过参演心理剧，明白了老师的良苦用心和同学间的友好情谊，想表达对我的感谢，感谢我对他的信任，给他表演的机会和愿意听他倾诉，使他能够认识到自己的不足；感谢让他体会到这种被需要、被信任、被尊重的感觉。他格外珍惜这次的参演机会，之所以没有念错台词，是因为拿到台词后反复对着镜子练习了很多遍……信的结尾是这样写的："老师，谢谢您没有放弃我，您就像心理剧中的赵老师一样，真的就是照亮我心底的那道光。"

小阳信中结尾的话一直回荡在我的耳边。每个学生不当行为的背后都是有原因的，我们要及时找出背后隐藏的原因，及时给予学生足够的信任、尊重、关怀和爱护，只有这样，才能真正解决问题。作为老师，我们在与学生交谈时，应注意自己的询问方式，语气要平和、礼貌、真诚，不能给学生一种被审问的感觉，遇到任何情况都要站在学生的角度去体会，让学生感受到自己被理解、被接纳、被尊重。只有这样，才能建立良好的师生关系，并引领学生向着更加积极的方向发展。

（王柳洁　撰写）

【校长点评】

众所周知，儿童、少年在其社会化的过程中，由于成长背景的不同，其心理的个性差异也较大，他们成长中所表现出的种种行为问题往往背后有着一定的心理原因。因此，在真实的教育情景中，教师要善于从学生外显的种种行为背后去寻求其心理动因，从而找到问题的症结所在，然后再对症施治，只有这样，教师才能更好地履行塑造灵魂、引领成长的神圣职责。

本案例中，王柳洁老师针对学生小阳的“小动作”等行为，她没有直接去评判其对错，而是了解其成长背景，透过其外在的行为，研究其背后的心理活动。王老师设计了一场心理剧，通过鼓励与引导小阳参与心理剧的排练，主动承担角色扮演任务，在排练与展演中学会换位思考，并促进其自我反思、自我纠正，进而实现了转变。这一案例告诉我们，面对学生的“不良行为”时，一味地训斥往往不能解决问题，分析其背后原因，对症施策，精准发力，及时引领则往往会收到意想不到的教育效果。

第五辑　平等与宽容的力量

在地上睡觉的小小

新学年开始，我接手了四年级一个班，这个班比较难管，因为有个什么都不怕的小小。

面对一群有思想、有感情又活蹦乱跳的孩子，如何才能赢得他们的信任与尊重呢？接班后，我便注意观察学生的个体差异，对每个学生都进行了全面细致的了解，并利用各种机会和孩子们沟通与交流。沟通多了，初步形成了良好的班级氛围。在此基础上，我立规矩，讲道理，把自己摆在和学生平等的位置上，从关心爱护学生出发，尊重每一个学生，动之以情，晓之以理，用人格力量去感化他们。这样两周过后，班上也有了新的气象。

一天中午，孩子们正在看书，我就在教室前面批改作业，全班鸦雀无声。就在这时，小小突然大叫一声；“哎呀！累死我了，我得睡会儿。”说着“咕咚”一声就躺在了地上。为了引起全班的注意，他竟大声地打起了呼噜。一时间，我也愣了。我万万没想到小小会来这么一出，真是打了我个措手不及。我走过去，这时他躺在地上，半眯着眼睛看着我，唇边带着一丝微笑。这是在向我示威呀！这时，全班同学放下手里的笔，抬起头，所有的眼光一起看向了我。怎么办？我的脑袋也飞快地转动起来。“完了，完了。”有的学生小声地嘀咕着。正在全班同学以为我要大发雷霆的时候，我做了几个深呼吸，快步走出了教室，一会儿工夫，我搬着一把躺椅，夹着一件大衣回来了，温柔可亲地对小小说：“来，小小，躺地上多凉呀，躺在椅子上，老师给你盖上，省得着凉。”小小看到这，脸一下红了：“不用了，不用了。我不困了。”在他说话的时候，我用手拉起小小，当他的手碰到我的手时缩了一下，但是我没有放开，边拉着他的手边说：“老师知道你昨天可能睡得晚了，上午又上了半天课，到中午肯定累了，累了就休息会儿吧。”说着我把他扶到椅子上，给他盖好大衣，拍着他的头，小声说：“睡吧。”然后我走回讲台继续批改作业。“绝，真是绝了！”有些学生小声嘀咕着。同学们面面相觑，冲我竖起大拇指。同学们一边憋着笑，一边看着小小，只见小小翻过来翻过去，脸红红的，一副不舒服的样子。是呀，在这么多双眼睛的注视下能舒服才怪呢！不一会儿，就见小小自己站起来，边嘟囔着“不困了，不困了”边回到了自己的座位上。而我也没再理他，只是淡淡地看了他一眼。后面的时间小小也异常老实，再没出什么新花样。

后来，我了解到，小小是一个单亲家庭的孩子，他的这种举动就是要引起老师的关注。面对这样的孩子，作为教师，要时刻关注和尊重他们，遇到问题时要冷静下来，与其批评他们这样做不对，不如换一个角度，尊重他们的愿望，让孩子明白自己行为的欠缺，进而引导其自我反思并进行自我纠正。这次与小小的过招，也使小小对我有了一个新的认识，他对我也越来越敬畏并信任了，我们之间的关系也越来越融洽了。

像这样的小事班里层出不穷，但我都能包容他们的调皮并巧妙地化解，所以学生们都说：“无论我们这些小猴如何翻腾，都逃不出如来佛祖的手掌心呀！”而我们师生之间的感情也是不打不相识，在这一次次的“博弈”中也越来越深厚了。

和孩子们有了良好的感情基础之后，我按照学校提出的“班风正、学风浓、发展好”的班级建设要求，从与学生初步沟通、与学生“博弈”树立形象、建立班约，到家校合作、民主管理、多元评价，再到组织活动、搭建舞台、展示风采等等，各项工作顺利推进，班级建设也取得了显著成效，学年结束，我们班被评为学校的先进班集体。

反思这一年的班级管理，我以平等、宽容的姿态与这些活蹦乱跳、难以驯服的孩子们相处、“博弈”，彼此加深了了解，增进了感情。同时，我也发现了孩子们的可爱之处和潜能所在，越来越喜欢这些调皮鬼了，他们的调皮捣蛋给我带来了挑战，但更重要的是促进了我对工作的反思，也帮助我走向了专业成长。

（叶凤杰　撰写）

【校长点评】

我们常说，教育学生要“恩威并施”。有时，班主任在班级工作中虽然“施”了不少“恩”，但就是缺少“威”。要让学生有敬畏之心。但有的班主任并不是不想“威”，而是“威”不起来，也就是在学生中树立不起自己的威信。这里的关键问题在于他们没有摆正树立威信与尊重学生的关系。一方面，对学生要尊重和理解、关爱和包容，学生犯错时，老师不要过早下结论，武断处理，要允许学生说明原委，允许学生反思和自我改正。另一方面，对学生出现的问题，也不能一概而论，放任自流，该批评的也要批评，只是要注意批评的方式和方法。

本案例中，面对这样一群调皮的孩子，叶老师及时了解每一个孩子的情况，研究学生中存在的问题，因人因时因地做学生的思想工作，做到“一把钥匙开一把锁”。当小小躺在地上睡觉出洋相时，叶老师没有在全班同学面前批评他，也没有把睡觉的小小叫起来，而是让他睡在椅子上，还给他盖好大衣。叶老师在处理这一突发事件时充分顾及了学生的自尊，并引发了小小的自我反思，小小感到有点过分并很不自在地主动回到了座位上。在之后的相处中，小小从内心深处接受了叶老师，也再没有给叶老师出“难题”。在叶老师的带领下，这个班级之所以会发生如此变化，不仅体现了叶老师对学生关心、关爱和尊重的高尚师德，而且也体现了她多年研究学生心理变化，陪伴学生成长的许多教育智慧。

你的改变是我的骄傲

2019年9月，我正式告别温室般的校园课桌，踏上了众目聚焦的讲台。对于一个职场“小白”来讲，面对陌生的环境、陌生的人是充满恐惧的，特别是面对一群有无限发展可能的孩子们……

起初学生们面对我这样的新面孔，充满了好奇和期待，同时也对我的脾气、秉性小心翼翼地试探着。而我也是以同样的方式感受着大家，由于经验不足和对学生不甚了解，我决定让同学们把自己的基本情况、特长、期待等信息写下来，以便我能快速了解大家。

与同学们的初次相见感觉还不错，学生们还算配合，没有让我手足无措。在与学生们从陌生到逐渐熟悉的过程中，五年级的小彦同学给我留下了很深的印象。他的体型是班里最为强壮的，甚至在他面前我都会觉得自己变得矮小。小彦是一个爱接话茬的学生，经常在我的课上扰乱课堂秩序。有一次，他在课上拍打前面的同学，我严厉地呵斥了他。可他还狡辩道：“老师，我没有啊，不信你问问他我拍了没有。”结果前面的那个同学竟说：“老师，他没拍我。”而坐在他旁边的几个同学却说小彦拍了前面的那个同学，全班同学就“拍和没拍”的问题展开了论战。我就在班里看着，备感无奈，心里忍不住有点发酸，但也暗下决心一定要改变现在的状态。

通过观察小彦在班级里的表现，发现他很有号召力，我决定让他担任小组长，管理自己的组员。但是，我也明确了要求，小组长必须是小组中的榜样，想要管别人首先要自律。小彦欣然接受了我的委任。出乎意料的是，这个方法比我想象的更奏效，虽然他上课有时还是会说话，但当我用组长的职责来提示他的时候，他还是听的，比以前更懂得自律了。

在上课的过程中，我发现他作为一个男生而且是体格很健壮的男生，竟然会用假声唱歌，通过自己的这个演唱技巧能够演唱歌曲中的高音，音准还是非常好的。有一次，学唱《每当我走过老师窗前》这首歌，我让他们进行了小组赛，并规定演唱最准确、声音最洪亮的小组获胜，全体成员可以获得相应的奖励。在比赛的过程中，小彦演唱得非常认真，而且是全组音准最好的同学，为此我在全班同学面前表扬了他。这次比赛，让我有了额外的收获，从这以后小彦上音乐课非常积极，不仅纪律好了，而且还很好地履行起组长的职责，会主动提醒说话的同学上课要集中精力。

他的改变让我备感兴奋，他从抵触到接纳的过程也使我这个新手教师充满了成就感。不仅如此，随着了解的加深，我发现了小彦身上更多的优点，比如，讲义气、有担当、懂礼貌。就这样，每每发现他积极的一面或闪光之处，我总是及时地予以肯定、表扬并委以重任，而他也没有让我失望，表现也越来越好了。

小彦从一个调皮的学生变成课堂中的榜样，是我作为一名新手教师最值得炫耀的事，为此，也坚定了我成为一名好教师的决心。其实像小彦这样的学生还有很多很多，他们都需要一个有耐心、有责任心的老师去走近他们，爱护他们，认可他们，引导并改变他们。

相信是金子总会发光的，我的职责就是要大胆地去点石成金！

（隋鑫　撰写）

【校长点评】

作为一名新入职的老师，面临一些课堂上的尴尬在所难免，实属正常。面对这样或那样的困难与问题，是研究问题、解决困难还是听之任之、畏缩逃避，对教师来说的确是一个不小的考验，教师这时的选择和其以后的工作状态将直接决定着他未来走向平庸还是走向卓越。

天真、纯粹是孩子的天性，在成长的过程中，有时候他们犯点小错也在所难免。作为老师，如何对待孩子，用什么样的方式育人也直接关系到孩子的未来发展。本案例中，隋鑫老师在课堂上面对孩子的“小诡计”，并没有直接与其正面冲突，而是了解孩子，研究孩子，发现优点，委以重任，慢慢与学生建立起信任关系，继而发现学生更多的优点，并激发其将优点发展成自己的优势，同时，还给孩子提供机会，展示优势，扬长避短，并指引以正确的方向，用爱心、关心和耐心使其发生改变。隋老师的这一成功做法也增强了成为一名好教师的自信心，就这样，师生共同成长，相信，隋老师和她的学生定会有更好的发展。

课堂上手机响了

新初一入学不久，一天课间，马上下节课就要开始了，我收拾好书本，正准备提前走到教室门口等待上课，我们班的班长跑过来对我说："老师，小勋上课手机响了，老师让他交出手机，他不给，和老师僵持了好长时间!"

"我知道了，先回去上课吧!"我对班长说道。

我把小勋叫出教室，此时的小勋眼里充满恨意，喘着粗气，准备着猛烈回击任何我对他的指责。我和善地看着小勋轻声问："刚才发生了什么事？想说吗？能说吗?"小勋迟疑地看了我一下，有点惊讶，我知道他准备着还击我的指责，却没有想到我会用这么温柔的语气说话。他迟疑又惊讶地看着我，这时候上课铃响了。此时他虽然惊讶于我柔软的语气，但是仍然处于愤怒之中，对我的抵抗和防备也没有完全放下来。在这种情绪状态下，跟他说什么都听不进去，弄不好还会激怒他，于是，我平静地对他说："先把手机给老师，然后我们去上课，等下课了，我们再沟通交流，你看怎么样?"他想了两秒钟左右，把手机交给了我，我心里松了一口气，从他把手机交给我的动作我知道，他对我有了初步的信任。

下了课，学生们开始午餐。小勋没有去吃饭，主动走到我身边。我们来到教室外面的花坛边上，我停下脚步，转过来再次问小勋："现在想说了吗？能说了吗?"小勋与我的目光对接的一瞬间，嘴微微张了一下："能。"看来，小勋的情绪已经平复多了。"好的，说一说刚才发生的事情吧。"我轻柔地说。

"上课的时候手机响了，老师要没收我的手机，我没有给她。"小勋声音低低地说。

“你上课玩手机了吗？上课手机为什么会响？”我仍柔和地问。

“没有，早上忘了关机，老师我真的没有玩，我身边的小珺和小然可以证明。”他注视着我的眼睛肯定地回答我。

“老师相信你上课没有玩手机，但是你忘了关机，手机在课堂上响了，扰乱了课堂纪律，影响了同学们学习，这是事实吧！”

“是事实。”

“扰乱了课堂，老师让你把手机交给她，你为什么不呢？”

“我怕老师没收了手机就不给我了。”

“孩子，你刚来，对学校的老师也太不了解了。老师希望你能相信我们，没有哪个老师想把学生的东西据为己有，再贵重的东西也不会。你在课堂上犯错，老师一定得处理啊，先让你把手机交给老师，这是老师想把课上完，等上完课再来找你谈，如果你能认识到自己的错误，并且今后好好去做，我相信老师会把手机还给你的。”

“嗯。”他点点头。

“你没有把手机给老师，在课堂上和老师僵持，老师没法正常上课，大家都因为你没有办法学习，你自己也耽误了课程，你觉得你的这种做法明智吗？”

“我当时什么也没想，情绪上来了，控制不住，老师，现在我知道错了，我对不起老师，也对不起同学们。”

“看来，你是个情绪型的孩子。经历过这件事，你认为，今后类似的情况你该怎么办呢？”

“对，老师我性格特别急躁，点火就着，以后遇事时，我应先冷静地想一想，要相信老师，按老师的要求去做，还有不要影响课堂纪律。”

“老师很高兴你能认识到自己的问题，要相信别人的善意，要学会与人沟通，不要总是想着抵抗和排斥，那样只会让自己和他人受到伤害。”我温柔地笑着说。

“对。”小勋不好意思地笑了，脸上的表情和缓了许多。

“小勋，你今年 13 岁，在老师心里你现在也是一个小男子汉了，今天因为你的原因，给老师和同学们都带来了不愉快，你认为怎么处理好呢?”

“老师，我知道该怎么做了，我给老师和同学们道歉，以后手机带到学校一定关机，遇事也尽量控制情绪。”

“好，老师相信你能做得更好，你每天要有意识地观察自己，时刻提醒自己做一个好孩子。老师期待每天都能看到你的进步。”

“行。”小勋的眼神坚定而友善。

“要树立自己的良好形象，你觉得是私下向老师和同学们道歉还是当众向他们道歉呢?”

“当着全班的面道歉更好。”

“那好，咱们就定在班会课，你在全班同学面前道歉。要表达两个意思，一是道歉，告诉大家你认识到自己的行为不对；二是表达你想成为一个好孩子的愿望，邀请大家做你良好言行的监督员。”

“行。”

“那好，从现在起就做一个好学生，从管理自己的情绪做起。”

“嗯，谢谢老师。”

（吴双鹤　撰写）

【校长点评】

在教育教学工作中，教师对突发事件的处理需要理智和智慧，理智和智慧的背后则是教师先进的教育理念和教师实践探索的反思与经验的积累。

在本案例中，吴老师在处理学生小勋课上手机响了这件事时，没有急于批评指责小勋，而是先让他对是否立刻陈述事情经过做出选择，给小勋一个主动权，舒缓他的不良情绪；接着，让小勋先去上课，给他一段冷静思考的时间，进一步调节情绪；课后再进行有效沟通，让小勋的注意力从情绪转移到思考几个事实情境上；接下来，引导小勋对自己及他人言行进行回忆与反思，调整自己的原有认知，明确应对这些情境的正确做法，掌握管理情绪的方法；最后，顺应小勋的想法，让他在全班同学面前道歉，以约束监督并促进其对自己言行的持续改进。

吴老师处理这件事的背后，是她基于对学校尊重教育理念的深刻理解和践行，她认真倾听学生的陈述，冷静处理学生的情绪，站在学生的角度引导其进行自我反思和自我纠正，并最终取得了良好的教育效果。吴老师应对学生问题的具体做法值得老师们学习与借鉴。

面对抄作业的学生

批改某班作业，发现小凯近期作业严重抄袭。按照之前在班里宣布的规定“发现一次抄作业的话，扣掉一颗星”，一周以来他已经被扣掉了三颗星。他说：“做不完怕老师批评。”“不是刚讲过诚信吗?”他说：“是，我还会背呢!”我问他：“既然知道，为什么还这样做呢?”这时，他低头不语了。

这件事引发了我对道德与法治课教学的反思，对学生进行的诚信教育若没有触动其心灵，引起其心灵深处的激荡，并使其有深刻体验的话，仅仅停留在道理层面的说教是不会取得良好的教育效果的。

那么，怎样在道德与法治课堂上去落实“立德树人”的根本任务，让诚信内化于心，外化于行呢？我进行了这样的改革尝试。

就小凯这事，我没有急于给小凯讲道理，也没有给予处理，而是让他反思。一天，在课堂上，我有意识地设计了一个活动：选出班级里的“我最喜欢的朋友”和“我最讨厌的朋友”，不写姓名，只是指出来欣赏或讨厌他们的哪些行为。其中学生在“我最喜欢的朋友”中写得最多的是幽默，其次是可靠，信得过；在“我最讨厌的朋友”中写得最多的是不诚信，说谎。

我对孩子们说：“大家肯定都想成为那个被大家喜欢的，都不想成为那个被大家讨厌的朋友，所以，请从现在开始，珍惜自己的诚信记录，养成诚信的习惯，言必行，行必果。”

说完，我看了一眼小凯，小凯的头一直埋得很低很低。

过了一个星期，小凯没有再抄作业，但被扣了一颗星，是因为有一次没有交作业，他跟课代表说是忘带了。但同学们告诉我小凯其实没有做。小凯后来承认：各科作业有点多，没做完，困了就睡着了。

我首先肯定了小凯近一段时间的进步，然后给小凯讲了一个小乞丐的故事——《谁都可以是天使》：作者被锁在院内，给一个小乞丐100块钱请他帮忙到对面电话亭打个电话，可小乞丐一去不回。作者认为小乞丐拿钱跑路了，直到两个月后的一天，收到小乞丐归还的100元，并被告知小乞丐当天出了车祸，在床上躺了将近两个月。

我问小凯："当确实有困难阻碍他兑现承诺时，小乞丐是怎么做的？"小凯说："如实告诉。""老师，我以后没做完就如实告诉您，随后补上！"

又过了一个月，小凯的作业都按时交了，质量也可以。但我听其他科任老师说小凯还有作业抄袭和说谎的现象。怎么办？

我是小凯所在班级的新任道德与法治课教师，且我接任时离中考只剩三个月了。课堂上孩子们担心地望着我说："老师，您是不是临时代课？教我们几天就不教了？"我很坚定地说："不是，我会一直给你们上课，送你们毕业！"可是，一个月后，我突然身上长了一个火疖子，疼痛难忍，医生说差不多得一个月时间才能好，建议住院治疗。想想对孩子们的承诺，想想两个月后孩子们的中考，我没有请假，输完液换完药后打车到校，一瘸一拐走进教室，扶着黑板给孩子们上课。我兑现了给孩子们的承诺！孩子们也回馈给我最高的赞扬，课堂上异常专注学习，上课前有两位同学来接我，小凯还把我带病上课的照片发到群里，收到一大片点赞……

我问小凯："如果老师请假了，你们是不是要换老师？你会不会觉得老师不信守承诺？还会不会相信老师的话呢？"小凯想了想说："应该不会百分之百相信了。"我接着问："咱们是不是一开始就说作业要独立完成？你这样是否也会失去老师和同学的信任呀？"小凯点了点头。

自那之后，小凯有不懂的地方就向同学和老师请教，再没有出现抄作业的现象，其他学科也是一样。通过小凯行为的改变，也坚定了我做一名知行统一的教师的信念，平时十分注意自己的言行，时刻以新时代教师的师德标准严格要求自己，以身示范，注重身教。同时，我进一步改进道德与法治课教学，注重联系学生的生活经验，创设多样化的生活情景，通过调查、访问、讨论、辩论等形式，积极开展体验学习、探究学习、问题解决学习和小组合作学习，坚持知与行统一，将学生平时的日常表现纳入课程学习的评价之中，以发挥评价的良好导向作用，进一步促进学生将爱国、敬业、诚信、友善等社会主义核心价值观内化于心，外化于行。

（刘艳灵　撰写）

【校长点评】

教育在许多时候就是一种唤醒、一种体验、一种影响。刘艳灵老师的教育不是简单的说教，而是触及心灵的教育。

刘老师在发现孩子抄作业后没有严厉批评，而是尊重孩子的认知和心理发展规律，主动以身示范，改进教学方式，对学生动之以情、晓之以理、导之以行，循循善诱，让诚信等优良品质像种子一样扎根于孩子心中。

教育之路漫长，“走心”的教育很难。如果我们的每一节课都能走进孩子们的内心，如果我们重视每一次教育的契机，尊重道德与法治教育的规律，采取多种教育方式，做到知行统一，努力践行社会主义核心价值观，那么肯定不会再出现类似重庆公交车坠江、“霸座男”、“霸座女”等等挑战人们道德底线的社会现象了。

改革开放已走过千山万水，但仍需跋山涉水。教育同理。社会主义核心价值观已将“爱国、敬业、诚信、友善”列入其内，要更好地落实“立德树人”根本任务，作为教师，任重而道远。

“老师，您这不是难为我吗?”

在一节英语阅读课上，处理完相关的学习任务后，离下课还有两三分钟的时间，我开始布置作业：“今天回去以后，把课文背诵下来。”没想到，我话音刚落，班里就炸开了锅。英语很好的学生显然很开心，因为这项任务对他们来说就是 a piece of cake；那些平时很聪明可是基础并不扎实的同学也根本没把这项作业当回事，他们认为这篇课文很 easy；英语基础一般的学生看着课本，默默地思量着，没有说话；有一个基础很不好的小胖子嘴巴一噘，对我说：“老师，您这不是难为我吗?”

我听后，瞬间觉得很同情他，因为他连简单的交际用语都说不利落，一晚上怎么可能把将近十句话的课文背下来呢？仔细想想，我教的这个班级中，学生的英语水平差异较大。有些学生英语基础很好，通过自学或者教师稍微点拨就能完成学习任务；有些学生看上去很活跃，口头表达也比较顺畅，但是一旦落实到书面上，这些学生往往会出现很多语法错误；也有一些学生平时发言比较少，书面作业也有很多问题；还有些学生基础非常薄弱，只认识诸如 hello，bye，hi 等简单的词汇。

于是，我意识到自己这样做不妥。整节课，从阅读任务的设置到作业的布置，我都是按照一个标准安排的，即中等学生的水平，根本没有关注学业优良和学习有困难的学生，也就是说，我用一个尺寸要求所有人。从学生的课堂表现以及对作业的反应可以看出，这样做是非常不合理的，因为学生是一个个鲜活的生命体，他们各自的认知基础不同，也有着各自不同的认知方式和学习能力，他们的家庭背景以及学习背景也都因人而异，他们的性格特征更是千差万别。所以，要想提高课堂的实效性，要想提高学生的学业水平，我必须尊重学生个体的差异性，尊重他们的认知规律，尊重每个学生各自不同的最近发展区。

那么，今天的作业该怎么留呢？首先，对于英语程度很好的学生来说，他们在课上已经基本掌握了这篇课文，只用五分钟应该就能背诵，也就是说，这项任务刚刚触及他们的最近发展区，还有很大一部分区域有待跨越，所以我让他们做一些相关的拓展阅读，以帮助他们穿越最近发展区，达到更高的水平。其次，对于那些英语看上去很好可是并不扎实的学生来说，背诵课文大概只涉及他们发展区的一半，可是让他们去做课外阅读又超过了他们的最近发展区，即超过了他们现有的水平，所以我结合他们的学习实际，让他们默写课文，他们经过一定努力能完成这项任务，也就是能够超越这个发展区，进入下一阶段。再次，对于那些在英语学习上有一定困难的学生而言，让他们背诵课文就是他们的最近发展区，他们有一定的基础，但是尚未达到优秀，通过努力，加上我在本节课做的讲解，他们能够理解课文，并能背诵。最后，对于那些在英语学习上有很大困难的学生而言，背诵课文是不可能完成的，所以，我要把任务难度降低一些，降到他们伸手能够够到的位置，即在教师的讲解下，他们能够读通这篇课文，就算是跨越了他们的最近发展区，进入更高的学习阶段了。

于是，我决定重新布置作业："这样吧，咱们的作业做一下调整，小A等同学将课文背诵下来，然后做一下拓展阅读；小B等同学背诵并默写课文；小C等同学背诵课文；小D等同学将课文读熟即可。"学生听后，大部分同学都沉默了，我微笑着走出教室。

自那以后，我把这一布置作业的方法一直坚持了下来，不但做到了分层布置，还因生而异，力求实现作业布置的个性化。与此同时，在日常教学中，我深刻理解学校所提出的"少教多学、问题导学、自主思学、合作互学"尊重课堂改革要求，对自己英语课堂教学也进行了改进，这样一来，学生学习英语的积极性、主动性大大增强，学业成绩也有了明显的提升。

（孟伟　撰写）

【校长点评】

我国伟大的教育家孔子在两千多年前就提出，教育学生要因材施教，即先要对学生的特点有充分的了解，然后根据学生不同的特点采取不同的教育方法。苏联心理学家维果茨基曾经提出“最近发展区”理论，指出学生的发展有两个水平：第一个是现有的发展水平，表现为儿童能够独立地、自如地完成教师提出的智力任务；第二个是潜在的发展水平，即儿童还不能独立地完成任务，而必须在教师的帮助下，比如说，在活动中，通过模仿和自己努力才能完成相应的智力任务。这两个水平之间的幅度则为最近发展区。

尊重学生发展的认知规律不能仅仅是一个口号、一种理念，关键是要成为教师自觉的教育教学行为。本故事中，孟老师在教学过程中，面对学生对她布置作业的质疑，主动进行自我反思，及时调整作业难度，并围绕最近发展区去分层设计作业，体现了面向全体、因材施教的原则，值得推广。这个故事给我们的启示是，教师在进行教学设计时，学习任务不能太难，因为这样会打击学生学习的积极性；也不能太容易，因为这样会让学生感觉很无聊，没有挑战性，也不利于激发学生的学习兴趣和调动其学习的积极性。合适的学习任务应该是学生踮踮脚伸伸手就能够得着的，也就是说，要符合学生的最近发展区。

不难为学生，教师在以后的教育教学中也就不为难了。

在尊重中把控情绪

一天上课，我发现彭彭没有认真听讲，书也没有翻开，一直在鼓捣一个纸质的扇子。于是我提醒了她一次，她立刻就收了起来。不一会儿，我又向她那瞟了一眼，发现她又在捣鼓着东西，我又提醒了她一次。她把东西又收了起来，同时趴在了桌子上。看着她这种反应，我叫她站起来回答问题，谁知她继续趴在桌子上，眼皮都不抬一下地说："不想回答，我不会。"面对这种情况，我意识到再说下去只会越来越僵，为了不影响班里的其他同学，我决定冷处理，让她坐下自己好好想想。

课下，彭彭没有主动来找我，我也没有立刻找她。班主任赵老师听说了这件事，决定先找彭彭了解一下情况，因为平时彭彭和赵老师走得更近一些，有什么心事都愿意和赵老师分享。经过赵老师的了解，原来是她当时心情不好，我叫她回答问题让她感觉有点烦躁，所以才会有课上那种表现，她能够认识到自己的行为是不妥的，想来找我道歉。听完赵老师的描述，我决定等彭彭来找我，将事情说清楚之后再与她沟通，谁知等来的结果是我万万没有想到的。

课余时间，彭彭来到我办公室，我示意她先坐下。

"你有什么想跟我说的吗?"我柔和地问她，只见她一惊。

"老师我错了，您原谅我还是不原谅呀?"坐在椅子上的她小心翼翼，不自然地低下了头，同时还不停地抠着手指。

"你先告诉我你为什么上课那种反应吧。"我说道。

"课下我跟别的同学发生了一点矛盾，心情有点不好，上课了我就没有心情听课，您提醒了我两次，我就更不开心了。"她跟我解释的时候，一边左摇右晃，一边嬉皮笑脸。

“你的做法合适吗?”我接着问道。这时我观察到她的表情出现了一点变化。

“课上有不愉快的事情也应该留到课下去解决，不能影响上课，课上应该集中精力，抓住每一分钟时间学习，如果下次再出现这种事情，我就不会原谅你了。”我告诫道。

我认真地看着她，安静了一会儿，彭彭突然蹦出来一句：“想原谅就原谅，不想原谅就不原谅。”我以为自己听错了，随后又确认了一遍，瞬间我是满心的失落感，五味杂陈，不想再多说一句话，因为我知道如果继续说下去的话只会更加激化矛盾，于是摆了摆手让她先回去。她静静地在椅子上坐了一分钟左右，走向了教室。

第二天早上，我发现办公桌上有一封道歉信，在信中她又详细地解释了一遍昨天的事情，也为昨天在办公室不好的行为态度向我道歉，说没有控制好自己的情绪，保证没有下次。看到她能够主动给我写道歉信，我觉得是时候找她来谈心了。

“老师看了你的信了，你能够主动给我写信，证明你确实认识到自己的问题了。”我平和地说道。

“嗯，我真的认识到了。”她不好意思地低着头。

“昨天发生了两次不愉快的事情，老师没有与你争论，知道你情绪不好，如果继续说下去的话，情况只会越来越差。”

“对，老师，本来我就心情不好，没控制住自己，其实发生了课上的事情之后我挺自责的，好不容易鼓足勇气找您来道歉，我的情绪又上来了，才会那么不礼貌地说话，老师，请您原谅我吧。”说着又低下了头。

“我们都会遇到不开心的事情，但我们要有正确的方法去排解，而不是转移到他人身上，这是尊重他人也是尊重自己，我们要做情绪的主人，而不是让情绪控制我们。人有情绪时，做事情往往是不够理智的，过后我们一定会为不理智的行为而感到后悔，因此，我们在遇到问题时，内心暗示自己要冷静应对。”

“老师我记住了，以后一定会控制自己的情绪，遇到事情先想一想，不冲动，不给其他同学做不好的示范，尊重他人，也尊重自己。”

“好，我原谅你了，老师期待你以后的表现。”我冲她笑着说。

“老师，谢谢您包容我，我一定不会让您失望的。”她笃定地看着我说。

通过这件事的处理，我深深地体会到，在与学生交谈时，老师要与他们面对面坐下来，平静地用心沟通，营造安全、平等的氛围，而不是以批评和审问的态度出现。只有让学生感受到被尊重，学生才可能敞开心扉，表达自己的真实想法和情感。当学生状态、情绪不好时，教师应注意自己的表达方式、处理方法和情绪态度，让学生先冷静一下，并引导其进行自我反思，冷静过后，反思自己行为不当之处，他们一定会认识到自己的问题所在，这时，再加以引导，才有利于问题解决。在问题解决的过程中，老师要始终站在学生的角度考虑问题，并分析其心理变化，以关心、爱护与尊重实施引导，这样在解决问题的同时，也有利于良好师生关系的建立。

（王柳洁　撰写）

【校长点评】

我国著名教育家陶行知先生曾说过：“品德教育重在实做，不在于能说会道。”当学生犯错误时，如果老师只会用严厉的说教来教育他们，往往不会走进他们的内心，可能还会适得其反。

本案例中，面对情绪波动较大的学生彭彭时，王柳洁老师没有与她发生正面冲突，而是运用冷处理的办法，给她留有自我反思的时间。在与彭彭沟通的过程中，王老师能够像朋友一样坐下来和她面对面地交谈与沟通，营造了安全、平等的良好氛围。彭彭感受到了来自教师的尊重，敞开心扉并深刻认识到自己存在的问题，这时，在真实的学生面前，王老师也寻到了真正的教育起点和有利的教育契机。王老师的做法体现了尊重和平等对话的重要性，师生在相互尊重中相互理解，在彼此真诚的交流与沟通中，教育也悄然发生。

面对课堂上的淘气包

三年级的小林彻底成为我的“俘虏”还是有一段艰难的历程。作为班级相当淘气的孩子，小林软硬不吃，老师们都对他无可奈何，然而，我出现了。作为一名刚入职的新老师，我着实没有太大的权威和影响力。我爷爷是一名退休的老教师，经常叮嘱我：“爱学生，辅其成长进步，也要严慈相济，恩威并施，才能松弛有度，收放自如。”

为了教育和引导学生积极上进，我制订了一个星级评价的规则，开学伊始就在每个班级普及：课堂纪律好奖一颗优秀星，书写态度端正奖两颗优秀星，书法优秀奖三颗优秀星，有进步奖一颗优秀星，集齐三十颗优秀星，找我兑换礼物。这，大大调动了孩子们的积极性。孩子们对优秀星的向往促使他们课上遵守纪律、认真书写、积极思考。可是，对于每节课都得不到表扬的小林来说，既然得不到优秀星，优秀星对他也就没什么吸引力了，他佯装无所谓地看着别人的一颗颗星星，满不在乎，依然我行我素。

我来到他的桌前，将一颗优秀星放在他的桌上，对他说：“你其实写得挺好的，怎么就不能做个遵守课堂纪律的美男子呢?”他笑了。“这颗优秀星奖励给你怎么样?”“怎么可能?”他的眼睛里放出光芒！“这颗星咱俩一人一半，这节课你只要认真学习，不违反课堂纪律，星星就归你；要是做不到，这颗星就是我的了。行不行?”“好!”看得出来，他表面佯装满不在乎大大咧咧，但是内心真的渴望被肯定。四十分钟的课堂，我虽然提醒了他四次，但还是可以明显看出他在努力地改变自己！这节课我公开表扬了他：“今天咱们班进步最明显的就是小林同学，写得非常认真，纪律比之前好很多！奖励一颗进步星！”巨大的肯定、莫大的鼓励以及同学们不同以往的眼神给他带来了前所未有的震动。下课时，我拍了拍他的肩膀说：“你看，你今天做得多好，得到优秀星也不是那么难吧？”

第二次上课，他早早坐在位置上看着我，我还是放一颗优秀星，“这次游戏升级，上课遵守纪律老师只提醒你两次，超过两次，星星归我，不到两次，星星是你的。”“啊？哦。”这节课他不仅纪律明显好转，写字也特别工整，我一次又一次地表扬他，一节课，他竟然得了三颗优秀星！就连看我的眼神都不一样了，之前他看到老师是一副满不在乎、散漫游离、得过且过的眼神，现在看到我他会真诚地问：“老师，你看我这个字写得行吗？”“老师，我这么写，对吗？”

我从心底里笑了。接下来的时间，他进步很大，还成了我的书法课代表。两个月过去了，我在颁发“进步奖”的时候，不再有他的名字，他急切地问：“老师，怎么没有我的呢？我这节课做得不好吗？”我语重心长地说：“都不是，你现在已经不需要‘进步奖’了，你已经是特别棒的学生了，你将要得到的是‘优秀奖’！”“嗯！我明白了老师！”

低年级学生良好习惯尚在形成阶段，极易受到外界环境的影响，所以家长、学校、老师有责任有义务帮助他们，引领其不断改进，形成良好的学习习惯和生活态度，而不能对他们放之任之，更不能过早给孩子们下定论。老师的一句评语，一个微笑，一个玩笑，一个拥抱，一个抚摸，都会让孩子感觉到老师是喜欢他们、关心他们的。这，对孩子很重要！作为一名刚入职的新教师，我知道自己没有太多的经验，但因为年轻，我和孩子们的距离更近，孩子们更愿意和我打成一片。我也发挥自身优势，以我的热情和爱心拉近师生的距离，走进学生内心，用自己过硬的专业素养辅助孩子们学好书法，在优秀传统文化的熏陶中陪伴他们健康成长。

（王亚男　撰写）

【校长点评】

北美著名心理学家维克托·弗鲁姆的期望理论认为，恰当的目标能给人以期望，使人产生心理动力，从而激发起热情并产生积极行为。本案例中，王亚男老师依据心理学中的期望理论和小学生的心理特点，建立了梯次星级评价奖励机制，并人本化地推进了这一评价机制的有效实施。

故事中学生小林本来对优秀星的期望值没有那么大，因为按照常规他不可能得到。而教师为他私人订制的规则使他有了获得奖励的很大可能，从而激发了学生进步的动机，调动了小林自我反思、自我纠正、努力上进的主观能动性，这就是王老师的可贵之处。

在教育实践中，我们常常会发现，同样一种奖励，对于不同的学生来说，其吸引力是不同的，因此，我们有必要关注奖励学生效果的差异性，灵活运用奖励的方式与方法，以取得更好的激励效果。同时，也期待王老师在学生激励方面做更多的研究与探索，尤其是探索通过培养学生对书法艺术的喜爱和在书法艺术方面的进步而实施的内在激励的方法，这样的激励往往更长久，也更有效。

在学生心田种下遵守规则的种子

新学年，我担任了班主任。开学第一天，我在班会上带领学生学习了学校的一日常规，并与大家一起讨论了班级管理的有关规则。班会结束时，我强调了第二天的进班时间，嘱咐大家上课不要迟到。

为践行依规管理的理念，我便“以身试法”。第二天上课，我故意迟到了两分钟，在我跨进班级将要讲课时，突然一个学生说：“老师！你迟到了！”我很欣慰，按照计划好的，随即我回应他：“对不起，今天我迟到了，没有遵守规则，所以，今天放学后班级的值日由我一人承担！”说完这话的瞬间，我能听到很多学生发出惊讶的声音，甚至有人怀疑地说：“真的假的啊?”我很坦然地面对学生：“今天由于我个人的原因迟到了，这是事实。因此，我要承担迟到的后果，希望在今后的学习生活中，大家也能有这样的规则意识，违反了规则就要承担相应的后果，即使我是大家的班主任，也不例外！”说完这话，我能感觉到班里的氛围从最开始的漫不经心一下子变得认真起来。我想，以身作则，践行规则，这是我在他们心中种下的一颗种子。

开学初，我在学生的自主报名和教师的推荐下组建起了班委团队，其中小祎同学就引起了我的关注。成绩优秀的她当仁不让地担任了班长这一重要职务，同时还身兼英语课代表和学习小组组长的工作。在组织了第一次班委会后我特意留下了她，了解她小学的成长经历，肯定了她在学习上努力的同时，也希望她作为班级的领军人物能够在班级管理中发挥重要作用，引领全班同学积极进取，使班级形成比、学、赶、帮、超的良好学风和班风。

一转眼，一个月过去了，学生们逐渐适应了从小学到初中的学习生活变化，班级的日常管理也逐步走向正轨，但小祎的问题也开始逐渐暴露出来。平时有学生向我反映小祎作为班长，管理自己不够严格，偶尔会有大声喧哗或者和朋友打闹等现象，甚至有同学举报她测验时翻看笔记本作弊。于是我趁着午读时间把她单独找出来，和她进行沟通并严肃地跟她说："作为班长，如果想要服众，唯有以身作则。活泼开朗这本身是你的优势，说明你善于与人沟通，但如果用在不恰当的时间和场合，就会变成'大声喧哗、追跑打闹'。想要取得好的成绩这本身也值得鼓励，说明你对自己有要求，有上进心，但是如果通过不正当的手段得来好的成绩，就算成绩再好也会被同学诟病。我们制订一系列的班级规则不是为了让人钻空子，而是让大家知道我们要做一名怎样的中学生。你能理解老师今天单独把你叫出来沟通这些的用心么?"此时，小祎低垂着头道："老师，我知道你是为了我好，你把我叫出来就是想再给我一个改正的机会，您放心，我一定会努力的。"

此后平静地过了一个月，到了期中检测的日子。这天考完地理后，有一位学生找到我说他看到班长在考试中和其他同学传纸条。我听到后尤为惊讶，便把小祎叫过来核实，不得已她还是羞愧地承认了传纸条的事实。此时我意识到，可能小祎在小学各方面都很优秀，到了中学担任班长对于她似乎是理所当然的事，因此对于班长这个职务她似乎并没有觉得重任在肩，反而有点漫不经心。而这件事情的处理方式对于小祎的成长和对于班风建设都很重要。于是，我对小祎说："上次我们沟通交流，言犹在耳，你说你知道规则的重要性，会努力做好。可你做的这件事让老师很失望，你在明知班规的情况下仍以身试险，可能班长这个职务对你来说还有点早，你需要先好好想一想自己作为一名合格的中学生，应该有怎样的表现吧！老师建议你主动辞去班长职务，只作为班委一员，参与班级管理，待自己改进得到大家认可后，老师再委以重任，你看如何?"小祎听后表示同意我的提议。我说："今天班会，是我宣布此事，还是你自己主动向全班同学说明呢?""还是我自己说吧！"小祎不好意思地回应我。我说："那你好好准备一下吧！"

到了班会时间，我说：“同学们请注意，班长小祎有事向大家宣布。”这时，小祎就宣布了自己要辞去班长的工作，还就自己没能以身作则、履行好班长职责做了自我批评。这时我补充道：“我们每个同学只要违反了我们一起制订的班级规则，就要勇于承担所带来的后果，改正了，表现好了就会得到大家的认可。在此，也希望小祎同学能尽快调整自己，希望她能成为一名品学兼优的好学生，将来有机会，还要积极参与班级管理工作。”这次班会上，大家选出了新的班长小虹。班会结束，我跟全班学生再一次强调了规则的严肃性，如果有人明知故犯，只能为自己的过错承担后果，要学会对自己做的事负责。通过这件事，全班学生对于班规班约的执行有了更深刻的理解。

之后，小祎消沉了一段时间。为了帮助她尽快调整自己的状态，我格外注意她在学校的表现，上课时会着重请她回答一些问题并予以表扬和鼓励，下课时偶尔看到她会拍拍她的肩膀，对她说最近表现得不错，要加油！批改作业的时候会写评语激励她放下过去，努力向前就是好孩子。就这样到了放假前，我又找到她，语重心长地跟她说：“人都要学会自己对自己负责，现在你也承担了后果，通过这段时间的努力，我又看到了开学初见时优秀的你。所以你想成为一个怎样的你，取决于你的努力和具体表现，知错能改就是好学生！”听到这里，小祎满含眼泪地说：“老师，你放心吧！我一定会努力的。”

第二学期，我发现了小祎明显的变化，作为课代表她尽心尽责，成了英语老师的得力助手；作为小组长，她带领全组同学多次荣获最佳小组；作为班集体的一员，她积极参与班级中的各项活动，我欣喜于她的改变和成长。期末，她终于凭借实力无可争议地获得了“优秀少先队干部”的称号。虽然现在她不是班长了，但她用实际行动带领小组组员前进，引领班级的学习氛围，真正成为班级的“领头羊”。

在班级管理中，最重要的事情莫过于让学生相信你。如何让学生相信你？尊重他们，平等对待他们每一个人。我想，之所以我的学生能够相信我，就在于看到开学之初我对自己迟到行为的负责。他们会认为：老师并没有高高在上，摆出一副傲人的姿态来进行说教，而是尊重他们，充分考虑他们的感受，有事与他们商量，真是既民主又严厉。只有能和学生共同约束自己时，教师的权威形象才能树立起来。

在学生成长阶段，每个人的自我约束能力是不同的。对于规则的执行，每个学生都有自己的理解和执行标准，但是原则和底线是不看情面的，是坚决不能动摇的。只有在规则面前“铁面无私”，才能使学生体会到规则制定出来的作用和意义。现在，我班每一个学生都是班规执行的监督员，我种在他们心中的种子在慢慢地扎根、发芽、开花，他们意识到只有每一个人都尊重规则，才能使得集体这个大家庭蒸蒸日上。

（李爽　撰写）

【校长点评】

著名教育家苏霍姆林斯基说：“教学，不是把知识从教室的头脑中搬入学生的头脑，而首先是教师和学生的活生生的人际关系。”

本案例中，李爽老师从第一次和学生见面开始就为其建立师生平等关系埋下了伏笔，并为今后工作的开展铺平了道路。可以说，尊重是一切教育的前提，但尊重并不意味着顺从，当学生的行为出现偏差时，就需要教师进行及时的辅助，引导学生尊重规则、遵守规则。李老师巧妙地抓住了处理随机事件的时机，在呵护学生自尊心的同时，及时有效地引导学生自尊、自爱，使学生深刻理解尊重规则的意义，并逐步带领班级渐入佳境。与之同时，在引领学生成长的过程中，李老师在学生心目中的权威形象也逐渐树立起来，这样也使她今后的育人工作更加得心应手。

用生命影响生命

科任老师一上课，最先认识的学生就是坤，我也不例外。我对他印象深刻始于开学时他爸爸向我提出的请求，他家离学校也就步行五分钟的距离，家长却迫切希望他能住校。爸爸表示在家里他完全管不住孩子，所以希望能把孩子关在学校。所有的老师也都来向我反映坤的情况。他上课说个不停，怎么制止都无效；他酷爱嘲笑同学，这使得他和同学关系极为紧张；此外这个孩子坐不住，大家都在安静地上自习时，他会在座位上不停地扭动且发出各种声音，几个学生来找我调座位，不希望和坤靠得太近。

一天，他和同桌女生从军训开始积累起来的矛盾终于爆发。他讽刺那个女孩的英文名难听，女孩反唇相讥，俩人最终扭打在一起，整个班级都陷入混乱。最终他在开学第一周就被请进了年级组长的办公室。我找他谈话希望他能改掉这些坏习惯并与同学们友好相处。谈话的过程大大出乎我的意料，他不抵触，却也不配合。相比一些孩子认错态度极好但行动上就是不改的状况，这个孩子倒是很直白。他说他这些习惯从小学就养成了，小学的老师几乎每天找他谈，还时不时请家长，他说无所谓，也不在乎老师和同学怎么看他，他只要自己问心无愧就好。这些话从一个初一新生的嘴里说出来真是让我大吃一惊！

针对这种情况，我给家长打电话沟通，家长态度特别好，说孩子从小学开始就有这些问题，但他拿孩子毫无办法。与学生的谈话和与家长的沟通都没有达到预期的效果，我当时心里真的有种挫败感。但我想起了冰心先生的一句话："没有一个孩子是不可爱的。"我想这个孩子身上肯定也有可爱和闪光的一面，这次谈话的失败肯定不是他的责任，而是我的方法有问题。我必须在最短的时间内找到问题的症结并尽快解决，时间拖得越长，对于解决问题可能越不利。

我首先把从军训以来对这个孩子的观察在脑海中回顾了一遍，并针对他的特点想出了几个方法。我打算从第二天就开始尝试。

坤的家离学校很近，他又精力特别旺盛，放学后总是要与别的同学打闹嬉戏，直到大家都走了他才最后一个离开。于是，我把每天锁门的任务交给了他，要求他每天等大家都离开之后关灯，关窗，关空调，锁门。我告诉他班级的钥匙是非常重要的东西，我交给他保管是因为他是我最信任的人。坤爽快地接受了这个任务，过了一段时间后又主动地包揽了早上开门的任务，这个任务他一直完成得很好。我利用班会时间在全班同学面前表扬他，称赞他是班上每天到得最早走得最晚的人，号召全班同学鼓掌感谢他为班级做出的奉献。在全班同学为他鼓掌时，他居然第一次露出了不好意思的表情。课后我马上找到他，夸他果然是个值得信任的人，并任命他为信息课代表，让他掌管多媒体教室的钥匙。他被赋予更多的责任，明显变得忙碌起来，过于旺盛的精力得以消耗了一部分。同时掌管班上的两把钥匙让他感觉到自己被信任被需要，这是一种积极的自我暗示。

我找要求换座位的几个孩子沟通，要求他们不但不要歧视坤，还要尽自己所能来帮助他。这几个孩子中，有一个男孩天品学兼优又见多识广，根据我平时的观察，发现坤其实有点崇拜他，挺希望能融入他的圈子。于是我重点找天谈话，首先肯定他的优秀，然后希望他能用他的光芒照亮更多的人，平时多帮助坤。天尽自己的最大努力去做了，平时总是提醒坤上课不要讲话，坤有什么问题不会时，天总是很热心地教他。天喜欢打篮球，每次都叫上坤，俩人渐渐成为好朋友。在天的影响下，坤在整个班里的人际关系得到了改善。

自习课时，坤虽然不爱写作业，但还是挺愿意阅读课外书籍的。针对他的这个特点，我跟他有了一个约定。如果每天能遵守课堂纪律，不在老师讲话时不分时间场合地插话，不讥讽同学，不干扰其他同学上自习，那么他每天能得到一次阅读课外书的机会。一开始这个过程很艰难，但他周围的同学都被带动起来了，都会在他犯以前那些老毛病时提醒他。慢慢地，坤犯老毛病的频率低了一些。我及时肯定他的进步，并告诉他只要每天能比昨天少犯一次就是进步，同时趁机告诉他，这些是可以改掉的，他现在的改变就证明了这一点。如果能彻底改掉，那么奖励还会升级，以后中午可以允许他去图书馆阅读。他听到这个奖励升级计划时简直两眼发光，他第一次在我面前表示他觉得自己是可以改变的。两周之后他得到了第一次去图书馆阅读的机会。开学几个月了，坤身上的变化还是挺明显的。虽然身上还是存在一些问题，但最可贵的是他的心态已经完全改变。他成了我班既负责又细心的"掌门人"，也是兢兢业业的信息课代表，更是从同学都不愿意与之为邻的学生变成了整个班级都愿意去提醒和帮助的人。

在对学生坤的教育引导过程中，我自己的体会颇多，感觉自己也获得了一次成长。一是只有践行因材施教，才能收到良好的教育效果。因材施教绝对不是一句口号，而是一个非常有效的育人方法。它要求老师尊重学生的年龄特点和个性差异，走进学生的内心世界，根据学生个性特点施以个性化的教育。针对坤离家近且精力旺盛的特点，我给他安排了教室锁门的任务，充分表达了我对他的信任，同时也让他学会了承担，培养了他的责任感。二是要善于借助榜样和同伴的力量。再不愿意亲近老师的学生，对于自己的同伴也会有一种天然的亲切感，他们彼此之间是真正的零距离。有时他们有些话不愿意说给老师或家长听，但却会毫不犹豫地向同伴敞开心扉。随着年龄的增长，这种同伴效应会越来越明显，他们会越来越注重同伴对自己的看法，也最容易在同伴当中寻找榜样。在同学当中树立榜样，借助榜样的力量影响同学，发动同学来帮助同学，这样的班级极具凝聚力，整个班级都会积极向上。三是用学生喜欢的东西奖励比用学生厌恶的东西惩罚更有效。对于一个心智还不成熟的初一学生，用他厌恶的东西惩罚他，只会增加他的逆反心理和厌恶感，惩罚也许能换来表面的顺从，但绝对得不到内心深处的反省。用他喜欢的东西激励他，能调动他所有的正能量，让他从为了得到奖励去约束行为，慢慢地将保持良好行为变成习惯。四是育人具有反复性和长期性，老师不要急于求成。教育学生是一个长期的过程，老师对于学生的要求不可过高。只要学生自己与自己比有进步，老师就应当承认并鼓励他。有时面对学生的退步或反复，老师也不要急躁，要拿出最大的耐心和最强的信心，包容不足，激励上进，相信学生最终会朝着积极的方面转变。

坤的教育故事还远没有结束，从失意的谷底走出来，寻找适宜的教法，转变在即，未来可期，心境已然大不相同。我不由得想到了教师节时一个家长发来的一段我非常喜欢的话："教育是一种诗意的修行，是用生命影响生命，用生命温暖生命的过程。"让我们一起奔赴这场诗意的修行，成为影响生命、温暖生命的人。

（王眈　撰写）

【校长点评】

父母对于儿女的爱，是人类的本能。人对于美好事物的爱，是人类的本性。面对没有血缘关系，也可能并不那么完美的学生们，老师用最博大的胸怀去包容，用最细腻的情感去爱护，是一种战胜和超越人类本能和本性的爱。

苏联著名教育家苏霍姆林斯基曾说过："我坚定地相信，儿童在认识周围世界的同时，应当认识自己，应当充满一种深刻的自我肯定的感情。自我肯定是自我教育之母。自尊感是一个人的荣誉感、名誉感、健康的自爱心的最强大的源泉之一。"

本故事中，王眈老师在遇到一个爱插话又容易与同学发生冲突的学生时，并没有指责和训斥他，而是用各种方法充分地保护学生的自尊心。王老师从学生愿意干的小事入手，对学生的积极表现及时予以充分的肯定；在此基础上，让学生多做自己喜欢的事情，让学生获得成就感从而完成了自我肯定；最终成功地帮助学生向着积极、阳光的方向发展。这期间，王老师所表现出的爱心、耐心和博大胸怀，也让我们看到了一位用生命影响生命，用爱温暖学生人生的优秀教师的光辉形象。

第六辑　发展与自信的力量

画出独特的自己

一天早上，英语课代表来到我办公室，拿着一个练习本对我说："老师，您看咱班的小雨，天天不写作业，还在上课的时候画画!"说完，她便把画有一卡通女孩的练习本放在我桌子上。

我拿过练习本，仔细看了看小雨画的画，画得还蛮不错的，我猜她大概是学过画画。哦，我想起来了，初一刚开学那会儿，我让同学们填写自己的兴趣爱好，她写的就是画动漫人物。此刻，我的脑海中浮现出这样一幅画面：一个胖胖的中等个头的女孩子，圆圆的脸庞上好像写满了忧郁。上课的时候，她总出神地坐在座位上，每次老师提问她，她都回答不出老师的问题。因为她平时也不主动与人交流，成绩又不是很理想，所以班里的同学似乎都不愿意和她交往。

"这样的孩子，我该怎么办呢?"我越想头越大，"算了，先批改一下语文作业吧！咦，这是谁写的日记，怎么只有画，没有字呢?"我翻到作业本的封面一瞧，赫然写着"小雨"！当时，我的气血上涌，真想立刻叫她出来，狠狠地批她一顿，但是心里还是在劝自己："别生气，要冷静，先了解，再想法!"

转眼间，午间休息的铃声响起来了。我冷静地来到教室，悄悄地把小雨叫到一间谈话室，笑着对小雨说："你是不是特别喜欢画画啊?"她惊惶地点点头。我又继续说道："我看了你画的画，感觉还是蛮不错的，你专门学习过吗?"她释然般地点点头。我又继续问道："今天你日记本上画的那幅画很有意思，你能给我讲讲是什么意思吗?"她开心地点点头，然后小声说道："昨天，我和爸妈掷纸团玩。"我也很开心地说："呦，那可挺有意思，这说明你家人都很幽默、开朗!”她笑了！然后我话锋一转：“你的画确实不错，如果再配上文字说明，那就更完美了！所以我想和你商量个事情，如果你各科作业都能画出符合主题要求的图片来，再配上简明扼要的文字说明，那么你的作业一定会成为一张张精美的海报！你觉得怎么样呢?”她听完我说的话，眼睛闪烁着惊喜的光芒，兴奋地问道：“老师，这是真的吗？我真的可以把作业设计成海报?”我微笑着说：“当然可以了，图文结合，相得益彰嘛!”她又笑了，直对我说谢谢!

我与她分开后，立刻去找其他科任老师，商量一下是否可以让小雨把作业设计成海报的事情。数学老师表示同意，但她认为以小雨的能力是绝对画不出数学问题的，不过，也可以让她试试嘛。我又去找英语老师，对她说了说我的想法。英语老师说：“张老师，您这招挺好，可以试一试，我也和她沟通一下，看看她能不能在图片上写点儿关键的英语单词。”我高兴地对英语老师说：“小雨是一个比较特殊的孩子，对这样一个孩子，大家不抛弃，不放弃，一直在积极想办法。我想，在我们的共同努力下，小雨一定会有进步的!”英语老师听完之后，非常赞同地点点头。后来，我又去找其他的老师沟通。对于我的建议，老师们都十分赞同，就这样，我们一致决定：尊重小雨的兴趣爱好，每个人都做好小雨的导师，及时与她沟通，发挥她的优势，培养她的自信。

放学后，我收到了一条短信，打开一看，是小雨的妈妈发来的。短信上写道：“非常感谢老师，我刚才听小雨说您同意她在作业本上画画，我感到很惊喜，也很意外。因为昨天，她在日记本上画画，我就和她闹矛盾来着，我说日记本上应该写字，你却画画，明天老师肯定批评你。可是她脾气很倔，说没事，老师爱批评就批评吧。我拗不过她，心里想，等着老师批评你，你就老实了。可没想到，今天刚放学到家，她就兴高采烈地对我说，张老师没有批评她，反而表扬了她，说她画得好，还准许她把各科作业都设计成海报呢！今天，她写作业的热情很高，还和我商量着在画的旁边配什么样的文字合适呢！非常感谢老师这样理解并引导孩子!”

我给她回复道：“每一个孩子都有自己独特的一面，我们老师和家长要做的就是激发和挖掘她的个性潜能。在发现与引导孩子的路上，我们要一起努力！加油！”

第二天，学生们的各科作业都交齐了。中午的时候，我跑到各科任老师那儿听反馈，老师们对小雨的画作还是非常认可的，而且每个老师都与小雨沟通过，效果还不错呢！

过了几天，我又跑到各科任老师那儿听反馈，英语老师的脸上洋溢着笑容，对我说：“还别说，小雨这个孩子还是挺有想象力的，画的画挺符合所给的英文情境，现在她的英文单词也能记住几个了！”

又过了几天，我听班里的学生说，数学老师有一次上课，让一名同学在一面黑板上演算，而让小雨在另一面黑板上画图表示呢！

一个多月过去了，我找到小雨，非常开心地对她说：“现在各科老师都在表扬你，说你是个非常聪明的孩子，现在进步很大呢。你做得很棒，我也为你骄傲！现在老师和同学们都想让你来帮个忙，你看，咱班出板报的人手不够，你能和宣传委员小丽一起把班级的板报做好吗？”小雨兴奋地说：“没问题，老师！谢谢您对我的信任！”

现在，我时刻都能看到小雨开心的笑脸。另外，班级里的一些同学还成了小雨的好朋友呢。美术老师前两天也对我说，小雨参加了一个美术社团，表现也十分突出！看来小雨也找到了自我发展的自信了。

（张艳英　撰写）

【校长点评】

美国哈佛大学教育研究院心理发展学家霍华德·加德纳在1983年提出了多元智能理论。这个理论认为人的智能是多元的，主要由语言、数理逻辑、空间、身体运动、音乐、人际、内省、自然探索、存在等九种智能构成。这一理论给我们教育的启示是，我们在发展学生各方面智能的同时，必须留意和发展每位学生在某方面特别突出的智能，而当某位学生未能在其他方面追上大家的学习进度时，也不要去挑剔苛责。

很显然，本案例中的小雨是一个在空间智能上发展比较突出的孩子，张艳英老师也发现了这一点，因此能够客观冷静地面对，并能因势利导，通过布置个性化的作业，让小雨爱上了学习，也发展了她的兴趣爱好，并且还发挥其特长，积极引导她参与班级活动，使其很自然地融入集体生活之中。可以说，这一案例是老师践行尊重教育的一个范例。

作为教师，要尊重学生独特的智能，给予学生展示自我的机会、平台和时空，只有这样，才能不断激励学生在“有尊严，有价值，有成就感”的学习历程中更好地实现发展的自我超越。

时事辩论助力成长

2018 年 8 月，我作为道德与法治教师，首次组织学生参加丰台区首届时事辩论赛。说心里话，刚从外地来到新建的北京教科院丰台学校任教，又是第一次组织参赛，我感到很有压力：一是因为对辩论知之不多，不知道规则与技巧，更不知道怎样选拔辩手；二是生怕不能获得好成绩。王渤主任鼓励我："不一定非要得奖，主要是让我们的孩子见世面，长见识，受锻炼，过程比结果更重要。"

随后，我参加了辩论赛组委会举办的辩论赛基础知识及规则的培训，又从网上找来了往届学生辩论赛视频进行学习研究，制订了学校时事辩论赛方案，并着手在初中学生中组织时事辩论大赛。我们预赛要进行两轮，预赛胜出，再参加复赛，最后两支队伍进行决赛。通过层层选拔，我们选出了八位口头表达能力较强的八年级学生，选定后，离比赛基本上只有一个月时间了。

准备参赛，面临三大难题：一是时间。孩子在学校的时间安排得满满的。二是培训。孩子们和我一样，在辩论方面是一张白纸，怎样在短时间内训练出一支像样的队伍？三是辩题的理解。赛事方给我们两个辩题，"网络让人与人之间的关系更亲密"，"不应该延长传统节假日"，看似简单，准备起来也挺繁杂。学校尝试着破解这些困难。时间方面，学校做了协调，可以利用午读的时间；赛事准备方面，我用两队 PK 的办法，充分调动孩子的主动性积极性，有的孩子利用课余时间很快看完了《奇葩说》的第四季、第五季所有辩论，有的孩子在网上找大学生辩论赛的视频，分享给大家；辩题方面，孩子们尝试学习破题，进行头脑风暴，定分论点，定结论……

准备两周后，两队分别扮演双方辩手进行现场模拟辩论，模拟了一次后，发现了问题：一辩的立论和四辩的结辩时间没达到3分钟，二、三辩的攻辩没有攻击的问题，或者问题不是封闭性的，很容易让对方抓住漏洞。模拟结束后，整个辩论队的士气低落，备受打击，怎么办呢？我首先肯定大家取得的成绩，指出努力的方向；接下来集体讨论每一位队员的辩论稿，辩论稿必须让我和每个队员都满意，有一个队员的稿子修改了有一二十次，急得快要哭了；再次，孩子们提出，加强模拟训练，让两支辩论队分别担任对方的反方，及时发现漏洞，为每一个辩题拓宽方向；最后，除了午读时间，征得孩子们和家长同意，每天放学后再模拟一次。这样，一直坚持到了比赛前。

比赛的日子终于到了，第一场对决一所完中学校，尽管有准备，我还是忐忑不安。我方辩论可圈可点，一辩发挥正常，二辩因为紧张记错了次序，在错误的时间发言，闹了个大乌龙，三辩攻守得当，四辩慷慨陈词，相当出彩。经过评委投票，我方最后胜出！孩子们都欢呼起来，也更有信心了，马上投入到下一场战斗。结果，我方又胜出，进入复赛。中午我请孩子们吃饭，孩子们一边吃一边还在回味赛场的点点滴滴，我想这必将成为他们人生中一个闪亮的片段！

初赛胜出，复赛对决的是另一所初中校。两周时间，面对新的辩题，大家一鼓作气，从立论、攻辩到结辩，每一个环节都细细打磨。准备不能说不充分，辩论不能说不精彩，但强中更有强中手，最终我们惜败，没能进入决赛。宣布获胜方的那一刻，小玉的眼泪掉了下来，但小雨一边安慰她，一边招呼我方辩论队员很有风度地上前去和对方辩友握手祝贺。我很震惊，问小雨："失败了不难受吗？不讨厌对方吗？"小雨说："失败了不能怪罪对方，只能说我们技不如人，对方确实比我们优秀，优秀的对手值得我们尊敬，失败了我们重整旗鼓，明年再战！"其他同学也连连点头。我说："你们'惊'到我了，和你们做师生何其有幸！"

经过这次辩论赛，我从辩论"小白"变成了辩论"大师"，学到了辩论的若干技巧；得到选拔学生的若干经验，要选综合素质高的，不一定非得成绩好的；知道了任何一次成功活动都必须有精密的组织，时间的协调、学生心理的掌控和班主任其他老师的协调等，少了任何一个环节，活动都难以成功组织；增进了和学生之间的关系，每个班参加辩论队的孩子都成了我的“铁粉”，毕竟，我们曾经同甘苦共患难。

小华是语文老师推荐的，写得一手好作文，担任一辩，但辩论稿的初稿是一大片抒情，没有逻辑，模拟辩论时吓得拿稿子的手一直在哆嗦……经过这次比赛，小华总结道：我学会了辩证地看问题，知道了辩论不是吵架，是符合逻辑的说理；在众目睽睽之下我不再发抖，虽紧张，但也能侃侃而谈，我自信，我骄傲！

小硕平时有些个人主义，自我一些，训练时老是迟到，引起其他队员的不满，要把他“踢”出去……我替他求饶，让大家给他一个星期时间。一周后，小硕每次训练都能准时到位，还能帮其他队员准备稿子。他有了团队意识！

辩论赛后，小嫣说原来以为自己挺能说的，辩论对自己来说小菜一碟。可是经过了才知道，辩论是要经过充分准备的，稿子经过十几轮的修改，不仅论证自己观点，还要考虑对方可能的观点，要面面俱到，否则就会被对方抓住漏洞。真是机会光顾有准备的人，平时一定要多读书多积累呀！

哭鼻子的小玉说，这次辩论赛让我们体会到成功的喜悦，也体会到失败的酸楚，知道了“天外有天”。学会了用平常心面对成败，在成功中学会感恩，在失败中学会坚强！无论成功与失败，都是我人生的宝贵财富，都将成为我人生中浓墨重彩的一笔！

这次辩论赛我校辩论队尽管和决赛擦肩而过，但还是获得了丰台区的首届时事辩论赛的季军，站在领奖台上，看到孩子们欢欣鼓舞的面容，我感慨万千：本次比赛，我们经历过成功，也遭遇到失败，对孩子们来说，这都是收获。虽然才经过了两个月，但我看到了学生的真正成长，他们都成为了更好的自己！

（刘艳灵　撰写）

【校长点评】

杜威认为，教育即生活，教育即生长。教育不仅发生在学校课堂内，也发生在多彩多姿的教育实践活动中，学生可以在活动中学习，通过活动实现成长。本文叙述了刘艳灵老师与学生一起参加辩论大赛活动的故事。通过刘老师组织学生准备和参加一次辩论大赛的过程，学生增长了知识，开阔了视野，培养了能力，提高了素养，并获得了自信，实现了成长。

从本案例可以看出，一场辩论赛带来的不仅仅是一篇成型的辩论稿，一场精彩的辩论，更多的是让学生学会了倾听，学会了一种新的思维方式，学会了面对成功和失败，还体会到了格局的真正意义。在这样变幻莫测的赛场上，考验的更多的是学生的临场应变能力，考验的是他们学习多年的积淀。在唇枪舌剑的辩论赛赛场上不仅锻炼了学生的思维，而且在巅峰对决中成就了他们更好的自己，与此同时，他们学会了怎样看待自己，怎样看待别人，怎样对待别人的成功。

辩论赛对学生的影响是独到的，通过参加这样一次辩论大赛活动，学生和老师都多了一段美好的经历，且这次经历，让学生多了许多思考，多了很多成长，多了对下一次把握机会的能力和渴望。此次辩论赛活动给孩子们留下了难忘的回忆，相信此次活动也必将成为学生实现全面而有个性发展的新的起点。

从“关注短板” 到“发现优势”

三年级二班的小文同学体育一直不是很好，因为胖，跳绳和50米跑更是让人头疼。他在这两个项目的表现成了我批评他的缘由，以致每次上课我都要特别关注他。小文也很清楚自己的弱项，当他感到我对他的关注时，甚至一个眼神的对视都会看出他的不安与紧张，每当这时他就选择了逃避，这使他显得很不自信。

有一天，天气雾霾，当我宣布上室内课时，班里一片叹息声，孩子们似乎兴致不高。于是，我向全班宣布：“同学们，咱们今天换一种形式，来一场大力士掰手腕比赛，同意的请举手。”同学们听到这个提议，一个个小脑瓜儿开始左顾右盼，边看边讨论了起来，随着讨论声逐渐变大，孩子们脸上的表情也变得愉快起来，班级里的气氛也活跃了，大家不约而同地高高举起了小手，同时你一言我一语地说着，每个人都表现出了跃跃欲试的样子。此时，我特意关注了一下小文同学，他的小手也高高地举着，与之前上课的表现截然不同，看来他只是对自己不擅长的项目不主动，甚至没信心，对这个项目他还是很自信的，我不禁感到些许欣喜。

开始准备比赛。我们用抽签的方式排出了对阵，以保证比赛的公平性。当学生们看到多媒体黑板上的对阵表时，教室里七嘴八舌地议论了起来。我让学生们把一张课桌和两把椅子摆在教室的黑板前，比赛器材已经准备就绪，选手们个个摩拳擦掌，准备好随时上场比赛。比赛先由十名男生参加，其中也包括小文，其他暂时没有比赛任务的同学在一旁当起了评委，并给选手加油助威。

比赛马上就要开始了！我宣布比赛规则之后，初赛正式开始。一上来竞争就十分激烈，最后五名同学进入半决赛。半决赛还没打响，赛场的热情就高涨起来，同学们的加油声也更加响亮。男生选手们在这样的比赛氛围中更是拼得“刺刀见红”，个个使出了浑身解数。有的两个人不相上下，两只小手一会往左摆，一会往右摆，始终分不出胜负，大家的心也因他们的手左右摆动。有的实力差距明显，很快决出胜负。最后三名同学进入总决赛，赛制是抽出一个直接晋级冠亚军的名额，剩下两个人进入淘汰赛，赢得晋级，输的就获得第三名。小文同学非常幸运，抽到了直接晋级决赛的名额。淘汰赛非常精彩，比赛进入最后的白热化阶段，决赛成为最大的看点。小文和小虎之间的冠军争夺赛即将打响，我这个裁判也变得紧张起来，大家的眼神都集中到他们两个人身上。一声哨响之后，比赛开始了。大家的加油声更加响亮，在体育委员的带领下，“小文加油！小文最棒！小虎加油！”大家的加油声让我感到震撼。一开始两个人就使出了吃奶的劲儿，双方僵持不下，憋得小脸通红，小文渐渐占了上风，就在最后关头，小文一鼓作气赢下了比赛，获得了本次三（2）班男生大力士掰手腕比赛的第一名！

这次小文同学的表现完全出乎我的预料，因为这次的出色表现与他平时体育成绩形成了鲜明的对比。赛后，我表扬了小文，希望他能将这次比赛中的坚持不懈和不惧挑战的精神带到平时的每一项体育活动之中，小文也表示今后一定会努力做得更好。

通过这样一次比赛，我对小文有了更多的了解，课上他与我的交流也变得多了起来，我们的关系也逐渐变得更加融洽。小文的期末体育成绩更是让我一惊，从平时的不及格一下跳到了良好，他通过自己的努力与不放弃的精神，战胜了困难！战胜了自己！他再也不是那个遇到困难就逃避的小胖子了！这件事告诉我，每个孩子都有不同的长处或闪光点，只要我们善于发现孩子的闪光之处，并不断地肯定和鼓励他，孩子的自信心就会建立起来，他们一旦树立了自信，这种自信完全可以向其他方面迁移，从而带动其实现全面进步。

自那以后，我开始关注每一个学生的个性特点，调查他们的兴趣、爱好和特长。在体育与健康教学中，寻找每一个学生的闪光点，并积极开展多元评价，什么越野能手、跳远高手、50 米跑小将、跳绳达人、乒乓标兵，只要体育与健康课上涉及的锻炼项目，都有评价。这样，我的多元分项评价制度建立了起来，随着评价改革的深入实施，我也发现原本并不优秀的学生个个都优秀了起来，而在这一过程中，我也收获了自己的专业成长。

（王刚　撰写）

【校长点评】

每个学生都存在着无限的发展潜能。在教育过程中，我们不能用同一个标准去衡量或评判所有的学生，多一把丈量的尺子，就多一批优秀的学生。

本案例中，王刚老师从起初关注小文的弱项，到偶然在掰手腕比赛中发现其优势，从而改变了他对小文同学的看法。之后，通过肯定、表扬与鼓励，使小文同学在体育方面实现了全面的进步。这一事件触动了王老师，他开始关注每一位学生的闪光点，继而着手推行体育多元分项评价改革。从此以后，在王老师的眼里，再没有“差”的孩子和孩子“差”的方面，取而代之的则是个个优秀的学生和具有无限发展潜能的生命个体。教育观的转变也使王老师走向了真正的教育。

从“飘红” 到“待通过”

小军是三年级的一名学生，他内向、勤劳、有礼貌、尊敬老师，经常主动打扫班级卫生，任课教师和同学们都很喜欢他。可是，随着年级的升高，学习内容的增加，小军的学习渐渐吃力，自信心也有点不足。看着小军各科“飘红”的评价和逐渐消沉的学习状态，我想好好帮助他，可要从哪儿入手呢?

午休时间，我进班寻求孩子们的帮助：“老师最近在看一部动画片《熊出没》，谁看过了?”全班孩子都举起了手。“好，关于某集的故事我没看明白，谁能给我讲讲呀?”孩子们个个跃跃欲试。我问：“小军，你能帮老师讲讲吗?”小军欣然答应。为了不影响其他同学午休，我和小军来到了音乐教室。冬日的阳光照在身上暖洋洋的，我和小军并排坐在凳子上。小军迫不及待地问我：“老师，您哪集没看明白? 我都看了，我给您讲。”“嗯，我有几个问题，熊大、熊二为了保护原始森林，一直和光头强作斗争，对吧? 现在光头强被打跑了吗?”“每次光头强都会被熊大他们打跑，但是过段时间还会回来!”小军认真地告诉我。“哦，这样啊，你还记得从第一集到现在，熊大、熊二总共打跑光头强多少次了?”小军想了又想，不好意思地对我笑笑：“不记得了，反正好多次了!”

“熊大他们怎么打了那么多次都没完全打跑光头强，是不是他们太笨了，根本就不行啊?”我试探性地问小军。“不是，都是这个光头强太讨厌了，总是出现，熊大很聪明，每次都能想到捉弄光头强的方法，可好笑了!”小军兴奋地对我描述着。“也就是说，熊大、熊二只是暂时没打跑光头强，但是总有一天会彻底打跑他的，对不对?”“没错!”小军对我赞赏地点点头。

这时，我拿出小学生综合质量评价手册，并耐心地向小军解释：“你看，一个学期中我们会有几次展示，就像光头强随时来挑战熊大一样，我们也要不断地接受挑战，获取知识能量。但是你这个单元的展示只是暂未通过，就像熊大，它只是暂时没有打跑光头强，但我们都坚信总有一天熊大会胜利的。小军，不要灰心，老师同样也相信你一定会战胜困难，取得胜利的！”我和小军分享了一些“打怪”秘籍，告诉他如何倾听，如何指读，如何绘声绘色地表演等学习方法。

在课堂上，我故意将简单的问题抛给小军，让他树立自信心，并注意观察小军的学习过程，及时在班里表扬小军，让同学们也都知道，小军在努力着、进步着。同时，课下及时与家长联系，告诉他们小军正在努力，希望配合学校一起给小军辅导并加油！渐渐的，小军的学习没有那么吃力了，也有进步了。时间久了，“待通过”就像是老化的树皮脱落一样，“待”字渐渐消退，只剩下“通过”的内核了。

从这件事中，我有了以下思考：

小军是小学三年级学生，在学习生活中会遇到各种困难，我们不应只关注结果，而是要专注其成长过程。我从小军感兴趣的动画片入手，通过熊大与光头强的斗争，告诉孩子困难会不断地出现，我们要想办法去迎接挑战，犯错误和失败是很正常的事，是进步途中的脚印，学习的步伐不会因此而停止。教师在帮助孩子克服困难，使孩子明白努力克服困难的意义的同时，注重引导孩子形成良好的思维习惯，赋予孩子更多的自信和成长空间。

每个学生的成长环境、认知基础、学习能力等都不相同，这也决定了其发展状况的千差万别，因此，在教育教学实践中，我们践行尊重教育理念，就要平等地对待和尊重每一个学生，尊重每一个学生的人格，尊重每一个学生的个性差异，耐心地进行个性化指导、因材施教，实施发展性的多元评价，不断地激发每一个学生的潜能，使每一个学生在不断的进步中增强自信，走向成长。

（李颖姣　撰写）

【校长点评】

每个学生都是独一无二的生命个体，他们的个性差异客观存在，当面对这样一个千差万别的生命群体时，如何对待他们成长中的点点滴滴，引领并陪伴其健康成长，对每一位从教者来说不但是一种挑战，而且也是一种考验。

故事中，李老师面对学生小军的问题时，没有直接将学生带出教室，而是以帮助老师解决问题为由，把小军叫出来，照顾到了学生的自尊心。在音乐教室聊天时，李老师也是与学生并排而坐，尽量与学生平视，给学生营造平等、和谐、安全的交流氛围。同时通过小军喜欢的动画片《熊出没》，李老师很自然地走进学生的内心，并通过动画片的故事，启发、引导、鼓励小军去迎接挑战，战胜困难，进而影响其认知和价值判断，并给他以正向引领。李老师的这种教育方式遵循了儿童发展的阶段性特点，体现了对教育对象和教育规律的充分尊重，因此，取得了很好的教育效果。

小丁的贴画

作为一名音乐教师，我主要担任小学一、二年级的音乐教学任务，在我教的学生中，有一个小男孩小丁挺让我头疼，因为他上课坐不住，乱说话，经常和老师顶嘴，有时还动手打同学……

这天又到了小丁他们班的音乐课，像之前一样，小丁依然是班里最坐不定、最令我头疼的那一位。课上着上着，我看到一些同学坐不住了，甚至开始说话，而小丁更过分，竟然跪在了凳子上。我决定先组织教学，并和孩子们说："下面咱们来回忆一下我们音乐课的坐姿，看看谁的小腰板挺得最直！坐好的同学有奖喔！"大部分同学都坐好了，于是我给坐姿标准的同学每人发了一张小贴画。这时我发现坐在小丁前面的小洋还在动，发贴画的时候，我略过了小洋，并告诉他："坐好才会有奖。"小洋没有得到贴画，哭得很伤心，怕影响教学，我安抚了他几句，就继续进行音乐课的教学。过了一会儿，小洋不哭了，坐姿笔直，我走到小洋旁边准备给他贴小贴画，可是我发现他的手里竟然有了一枚，便问他原因。可奇怪的是，在这个过程中小丁一直表现得很着急，试图阻止小洋，听到解释我才明白，原来小洋手里的贴画是坐在后面的小丁送给他的，小丁看到小洋在哭，把自己手中唯一的贴画送给了他。

我不禁诧异：这还是我平时见到的小丁吗？这是那个任性的小丁吗？下课后，我留下小丁和小洋。在音乐教室里，两位同学表现出的态度却很不一样，小洋搓着小手，不知所措，而小丁的态度很不屑，又有掩饰不住的不安。于是，我先和小洋面对面进行了一次沟通交流，大概了解了事情经过：小洋因为坐姿不正确没有得到贴画，心里很着急又不知道该怎么办，慌张之下就哭了。坐在后面的小丁安慰无果后，把自己的贴画送给了他，他才止住了哭泣，但还是觉得委屈。了解到事情经过后，我对小洋说：“每个人的付出都会有收获，如果你认真地按老师的要求去做，一定会得到老师的鼓励与肯定，一时得不到没关系，继续努力做，一定会做好。别人的贴画也是他努力得来的，最好的结果不是从同学那里要，而是自己努力后得到的。”听到这里，小洋认真地点了点头，对小丁说“谢谢”，小丁不好意思地说了句“不客气”后，把头扭到了一边。小洋离开后，我平静下来，问：“小洋的贴画是你送给他的吗？”他的语气很强硬：“是啊！就是我给他的！”我问他为什么。他说：“我看到他在哭，我不想让他哭，所以就给他了！我有没有无所谓，他能不哭就给他吧。”听到这里，我心里一暖，原来这个平时硬气嚣张的孩子还有这么温暖的一面啊！这时，我情不自禁地给了他一个大大的拥抱，我说：“孩子，你这样的行为特别好，老师特别欣赏你的做法。但是贴画是你通过自己的努力得到的，这是老师对你的肯定，小洋如果努力做好也会得到老师对他的肯定，所以以后自己的奖励要自己努力去争取，也要自己保持、保存好，明白吗？”放开小丁，我发现他有点发怔，可能他没想到老师会表扬他吧，硬气的小脸上不知道该做出什么样的表情，继续跋扈呢，还是不好意思呢？我笑了笑，陪着他一起回班并在全体同学的面前表扬了他关心同学的举动，同时，我也告诉同学们：只要努力就会有收获，自己的奖励要通过自己好的表现来获得。

那次沟通之后，小丁的行为有了很大改观，我发现每堂课最令我头疼的小丁在课堂上居然坐定了！更不可思议的是，他还经常积极地举手发言！每次的课堂小任务他也是前几名完成的！有时候在楼道碰到，他也是挥挥手笑着叫“田老师好”……这真的令我感到惊喜。看来，尊重教育真的很神奇。从那以后我会经常鼓励他，虽然有时他还是会坐不住，但是一个眼神他就会明白我要说什么，马上端端正正地坐好。又一次他犯错被批评，在楼道里嘟嘟囔囔地说：“他们都不跟我玩。”我告诉他：“你要脱下自己任性的外衣，主动地和大家友好交流，大家会感受到你的诚意和温暖的。”一个学期接触下来，小丁有时候会跑过来乐颠颠地告诉我，某某老师又表扬我了。看到他的进步和每天开心的样子，我内心有一种说不出的高兴。

每个孩子都可能是一颗还没有被发现的小星星，他们在属于自己的那片天空中闪闪发亮。作为教师，我们最需要做的是尊重、理解和包容，耐心地去寻找他们发出的光亮，发掘他们身上的闪光点。通过与小丁的接触、交流和陪伴，让我切实体会到教师的尊重、鼓励与肯定对学生成长引领的重要性。只有尊重与平等，才能真正走进学生的内心世界，才能成为他们信赖的良师益友。

（田也　撰写）

【校长点评】

教师应具备进入学生心灵世界的本领，这种本领是以平等、尊重和理解为前提，以爱为基石的。只有教师心中有了真爱，才能真正走进学生心灵的世界。

犯错误是孩子的权利，给孩子纠偏体现了教师的专业能力。每个人都希望得到他人的肯定，以体现自身的价值，孩子自然也不例外。当我们不断地就某个问题批评一个孩子时，我们会发现，这个孩子的缺点会不断地蔓延，不断地扩张，甚至一些原本良好的行为习惯也会随之改变。因此，教师不应因孩子的不足而当头棒喝，而应给予更多的宽容，积极寻找其闪光点，并抓住机会对其闪光点给予及时的肯定、表扬和鼓励，这样慢慢地等待花开。

本案例中，田老师在与学生小丁的交往中，不仅给予了他更多的言语表扬，而且还用微笑、注视、点头、肯定手势以及关怀的接触等方式对他进行了鼓励。小丁也感受到了老师对自己的尊重、关注与欣赏，从而逐步自信起来，并变成了一个老师夸奖的孩子。

期待田老师在尊重孩子的同时，进一步探索内在激励学生上进的方式，通过不断激发学生对音乐的热爱与对美的追求，以助力学生走向美好人生。

肯定与鼓励是最好的尊重

刚从教不久，在所教的班级中，我遇到了两位比较特殊的学生，A 学生和 B 学生。A 学生基础比较薄弱，学习刻苦，但成绩总不理想，为此他很苦恼，学习信心也不足，上课也有些心不在焉，他的这些表现我看在眼里，急在心里，但又不知从何下手。

偶然的一次小测，A 学生获得了良好等级！对他来说，简直是破天荒！当全班同学听到这个消息时，不由地鼓起掌来，并真诚地对他说，你真棒。我抓住这个机会，在课堂上大大表扬了他一番，肯定了他的学习态度以及他从开学到现在一直以来的努力，他激动地说："我以后一定会更努力。"从那以后，他开始变得自信，问问题的次数也多了起来，作业出错率也大大降低，页面也整洁了，整个人也活泼起来了。我抓住有利时机，在每次上课、作业、组织活动时寻找其闪光点，并持续对他进行鼓励、表扬，慢慢地，使我惊讶的是，A 学生就像变了一个人似的，上课精力集中了，学习积极性也高了，也乐于帮助同学了，每次班级活动展示，他都积极参与并表现出从来没有过的自信。

B 学生学习成绩好，但过于骄傲，还有些粗心，课堂上经常捣乱。他学东西比其他同学都快，课上讲到的是他已经学会的知识，他就开始走神了，课堂上多次提醒也无济于事，用过各种方法教育他都没有效果。为此我也很苦恼，一直在思考如何才能让他课上好好听讲不捣乱。

有一次，B 学生一整节课都没有捣乱，听得很认真，积极回答问题，我抓住这个机会，问同学们："你们觉得 B 同学这节课跟平时有什么不一样的地方吗？"同学们纷纷说起来："他今天一直都在认真听讲"，"他今天上课没有捣乱”，“他今天坐得很端正”，“他今天回答问题很多”……看着他不好意思地低下了头，我问同学们：“你们是喜欢平时的B同学，还是今天的他呢?”同学们都说喜欢今天的他。我问B同学自己的看法，他自己也不好意思地挠挠头说：“喜欢今天的自己。”我跟同学们说，我们今天给B同学鼓鼓掌，期待以后多见到像今天一样优秀的他。从那节课以后，我发现B同学上课走神次数已经开始变少了，而且回答问题也积极了许多，就连粗心的毛病也慢慢改正了不少。

自那以后，我便慢慢研究每个孩子的心理特点和个性差异，并针对每个独一无二的学生制订了不同的引导策略和方法。在教育教学过程中，我尊重每一个孩子的个性差异，并站在孩子的角度去观察和考虑问题，慎用批评的手段，更多的是发现、肯定、表扬和鼓励。在肯定与鼓励时，很少仅点名表扬，而是具体指出肯定、表扬学生在什么地方的表现优秀，针对学生的表现、行为、进步、助人等行为及时肯定与鼓励。就这样，我慢慢地发现面对这些不好管理的孩子时，自己清楚从何入手了，孩子们也变得可爱起来，自己也有了一种获得感和幸福感，我慢慢地爱上了这些孩子，慢慢地爱上了教师这一职业，爱上了教书育人的事业。在这一过程中，我也坚定了自己终身从教的信念。

（杨方静　撰写）

【校长点评】

马斯洛的需要层次理论把人的需要划分为六个层次，即生理的需要、安全的需要、归属与爱的需要、尊重的需要、健康型自我实现的需要和超越型自我实现的需要。尊重的需要就在其中，也就是说我们每个人都有自尊心，都有尊重的需要，都希望得到别人的尊重，学生同样希望得到老师的尊重。在教育实践中，教师尊重学生就应平等地对待每一位学生，并根据不同学生的个性特点，充分发挥肯定、表扬、鼓励等正向评价的导向作用，做好因材施教工作。

本故事中的A生是一个基础薄弱的孩子，B生是一个学习成绩好，但课堂上爱捣乱的孩子，两个孩子都在老师的鼓励和帮助下，意识到自身的不足，慢慢改正缺点，变得越来越优秀。故事中的学生原型在生活中可以说比比皆是，作为教师，我们就要认真研究每一个孩子的个性特点，多从孩子的角度思考问题，尊重每一个孩子的个性差异，以欣赏的眼光去看待他们，善于发现他们的闪光点，多肯定、多鼓励、多表扬，孩子们一定会给我们以惊喜。

在鼓励与帮助中完成逾越

这是七年级体育与健康课中的一节体操课，教学内容是“鱼跃前滚翻”。教学目标是激发学生学习兴趣，发展学生协调性、灵敏性，增强学生上肢力量。在练习中与同伴探究学习，充分发挥学生的自主学习能力，体验成功的乐趣。

上课铃声一响，学生按照常态要求在体育场内集合。我在操场上提前摆好垫子，垫子一端分别用粉笔标注两条线。学生看着眼前的器材开始议论起来：“咱们这节课是不是要学体操啊？垫子上怎么还有线？”“对，本节课的教学内容是鱼跃前滚翻。”我回答道。在安排教学内容前，我就预想到班级里有几名身材较胖、上下肢不协调的同学很难完成该项技术动作。果然，听到教学内容后，这几个同学摇了摇头，不怎么有信心。

本节课是鱼跃前滚翻的第一次课，通过诱导练习和复习前滚翻引出鱼跃前滚翻动作要领。通过观察，也为了更好地帮助这几位不够自信的学生学会并掌握该项动作，我把他们分散到不同的练习小组中。开始的学习一切正常，当手远撑前滚翻逐渐过渡到鱼跃前滚翻练习时，问题便逐渐突出，有的同学动作变形，不敢做了，有些是因为力量不够导致的，而有些却是因为恐惧心理造成的。于是，我开始小组帮扶，一对一有针对性地进行保护帮助。通过练习，我鼓励这几个学生，请他们出来做示范，起初，他们有些胆怯，在同学们的掌声鼓励下，他们开始去尝试。此时，我在动作要求上降低了标准，从前滚翻开始，逐渐增加了向前滚动的高度，提高滚动速度。手远撑不协调的同学，增加一个保护同学，抬起练习者双脚，协助完成远撑前滚翻，体会动作完成顺序，克服恐惧心理。通过一次又一次的练习，在同伴的互帮互助和老师的鼓励下，他们敢于去尝试了，并能顺利完成简单的鱼跃动作，脸上也露出了笑容，眼神中充满了对学习的渴望。

本节课的教学让我切实体会到，由于学生身体条件的不同，学习相同的教学内容时要求和侧重点也要有所不同。在教学中，教师必须关注学生的个体差异，特别要关注那些学习有困难的学生，对待这样的学生，教师应尊重他们的实际基础，为其学习提供更多的支架，并引导他们从易到难，循序渐进地完成学习任务。在学习过程中，教师对其点滴的进步要及时肯定与鼓励，以增强其信心，从而诱导和激发学生学习或练习的主动性。对于七年级的学生，他们更多的是希望得到老师和同学们的认可和尊重。教师要拿着学生成长的放大镜，耐心细致地发现学生身上的闪光点，让“弱者进步，强者更强”。

一节成功的课堂展示，是教师与学生心灵的碰撞，师生间的共鸣。教师的表扬与鼓励是学生前进的巨大动力，而尊重学生个体差异，制定不同的标准要求，激发学生自我学习的主动性，让他们去展示自我，体验成功，感受快乐，增强自信，培养学生独立学习的能力，则有利于促进每一位学生更好地完成学习任务。因此，只有将尊重学生的个体差异落实到具体的教学行动之中，才能让学生在愉快的学习中实现更好的发展。

（李蒋　撰写）

【校长点评】

近年来，一些体育教师放弃了体操教学，尤其是放弃了有难度的体操动作教学，究其原因无非是怕学生受伤。但是在李蒋老师的课例中，我们却看到李老师不仅在上体操课，而且还在尊重学生身体差异的基础上设计了不同的体操教学方案，并努力上好每一节体操课，这本身就难能可贵。

本课例中，李老师遵循“健康第一”的指导思想，在教学中始终坚持积极启发和引导学生，采取了分组、示范、练习和个别指导等多种方法，为学生营造了一种宽松的学练环境。在学练过程中，李老师还引导学生在经历挫折和克服困难中增强抗挫能力和情绪调控能力，从而培养其坚强的意志品质，在体验进步的过程中树立其自信，并最终帮助学生克服鱼跃前滚翻学习的困难，顺利完成了学习任务。李老师的体育教学不仅帮助学生很好地完成了学习任务，而且更重要的是培养了学生良好的意志品质，提高了其运动能力和社会适应能力。

“诸葛币” 诞生记

新学期开始，我担任了一个新班的班主任，为建设好班集体，并培养全班学生的归属感，经过思考，我决定从打造班级文化入手。

在第一节班会课上，我抛出了这样的话题：“你认为你生活在一个什么样的班集体中?”孩子们起先是一脸茫然，随着“我们班是一个团结的集体”的回答后，孩子陆续说出了很多耳熟能详的褒义词。是啊，每个孩子都在描绘着理想中优秀班集体的样子。到了让大家谈谈发生在班集体中最难忘的一件事时，“高兴”“激动”“喜悦”的事情都言简意赅，惊人的雷同，但是“难过”“生气”“伤心”的事情是却一言难尽，中间还会掺杂着争执与吵闹声，甚至有人因情绪激动而大声哭喊出来。

在这种“班级百态”中，重头戏出场了。“同学们，你们有没有想过，我们班的班风是什么？口号是什么？精神是什么？奋斗目标是什么?”全班陷入了沉寂，大家似乎都没了主意。

“我们总说班集体就是我们的家，我们是家人，彼此要相亲相爱。可我们到底想要拥有一个什么样的班集体、什么样的家呢？从你掌握的各种信息中选出一个你最向往的‘代号’，可以是人、可以是物，越具体越好，它身上一定要有你最渴望拥有的品质。”

随着我一声令下，各组的学生进入了激烈的讨论，各种五花八门的词喷涌而出，有的甚至连我都没有听说过。在大家一一解释了各种“代号”的内涵后，“小诸葛”这个名字一路过关斩将，战胜了所有候选名称，成为班集体的“代号”。一是因为《诫子书》对他们产生的深远影响，二是他们太过渴望成为智慧的化身。确定以“小诸葛”为名后，学生们又深入挖掘，相继提炼出“足智多谋”“临危不惧”“知识渊博”等各种精神内涵。

第二天一早，“小画家”小丹就拿着一幅栩栩如生的“小诸葛”画像找到我，激动地说：“老师老师，您看！这是我给咱们班设计的班级形象大使！”看着孩子一脸的成就感，我故意提高音调说：“你真是太厉害了！想到了大家的前边啦！真是把集体的事情当成了自己的事儿啊！”

这么一夸，立刻围过来几名同学，踮着脚尖儿想要一探究竟，对小丹有这样的技能一脸的羡慕，还有几个孩子也一副跃跃欲试的样子。

“现在，咱们班已经有形象代言人了，整理一下我们之前讨论的班风、口号、班规，再设计个 LOGO，我们就可以‘上市’了。”果然，有人立刻动手开始翻彩笔，准备着手设计了。“想一想，你们还喜欢什么?”“玩儿!”一个洪亮的声音高喊，随即大家转过头看向那位同学，原来他是班里最淘气的晓彤，平时经常不写作业，每天都要玩儿俩小时游戏。

“好吧，那就让咱们一起玩儿吧！”我交给他一个任务，把他目前玩儿的游戏积分等级记录下来，在班中全员“打怪升级”。

原来，当下孩子们中最流行的游戏是“王者荣耀”和“吃鸡”，经过比较才发现，等级虽有文字上略微的差异，但是“倔强青铜”“不屈白银”……都是以金属等级划分的。既然把它们引入班级中进行“修炼”，就要整合起来再来点不一样的味道。接下来依然是分小组讨论，搜集不同的等级划分方法。

三天时间，同学们一共搜集了四种可行性较强的等级划分方法：第一，以颜色划分——赤橙黄绿青蓝紫；第二，以军衔划分——大将、上将、中将、少将；第三，以古代科举考试等级划分——状元、榜眼、探花、进士、贡士；第四，以财富值划分——富翁、地主、农民、乞丐。

提供等级划分思路的小组分别介绍了自己划分的依据，最后全班一起投票，最终选定将古代科举考试的等级划分和游戏等级划分相结合，确立为“青铜书生”“白银秀才”“黄金贡士”“铂金进士”“钻石探花”“皇冠榜眼”“王牌状元”“文曲星”八个等级。此时晓彤这个游戏高手，激动得差点从椅子上跳起来了。

“老师，那咱们怎么才能升级呢？怎么记录证明呢?”一样爱玩“王者荣耀”的小磊表达了自己的疑问。“是啊”，大家也跟着皱起了眉头。

大家真是越来越在状态了，每个人都在拼命思考。

“老师，我觉得可以盖印章或者发小贴画。”

“不成不成，都多大了，还贴小贴画，多傻啊。”

“老师，我觉得咱们可以每个人准备一个光荣本，专门记录大家的积分情况。”

“不成不成，这个分谁负责记录啊，有的小干部跟谁好就给谁记，不公平!”

“老师，我觉得咱们教室后边可以贴一个光荣榜，记录大家的情况，每个人都能看得见。”

“不成不成，那分儿少的人多没面子啊!”

“老师，我觉得咱们可以跟校外英语课那样，每次发积分卡，这样就能累积了。”

“哎，我们课外班也发积分卡!”

“对，表现好的就发积分卡!”

看着同学们讨论得热火朝天，似乎大家已经心有所属。我接着问：“什么是表现好啊?”

“按照我们制订的班规，给予相应的积分，能做到的就奖励，做不到的就扣除，这叫奖惩分明!”

“看来同学们还真有想法，那这件事就交给我们的班委会去操作，你们先列出奖惩标准，然后让全班同学修改、表决。”

又是三天，班长兴冲冲地跑来，递给我厚厚一摞小卡片：“老师！报告您一个好消息，积分奖惩的办法已经有了，小辉还拿来他们英语班的积分卡供咱们使用。”

“好吧，你去问问同学们，对这个积分卡有没有什么修改意见?”

班长转身飞一样地冲回班里，我跟在身后，想要看看他们讨论的样子。班里七嘴八舌，你一言，我一语。

“这个卡不好，还有××学校的名字呢!”

“对，既然是咱们班的，就得换成咱‘小诸葛’的名字！”

“不但得有‘小诸葛’的名字，还得有咱班画家设计的形象大使呢！”

“我觉得咱也得把座右铭写上！”

“对！还有咱们的荣耀排行榜！”

“这个卡只有1分的吗？”

“咱们可以多设置一些面值，这样才能更有吸引力！”

看到大家讨论得热火朝天，我在门口忍不住地偷笑起来。一个中午时间，大家提供了各种思路，“诸葛币”的形象越发清晰起来。第二周，当同学们看到了属于这个集体特有的小卡片时，一窝蜂地冲了过来，又喊又叫激动地抱在了一起，脸上洋溢着幸福。还有的人不停地追问：“老师还有其他面值的吗？还有吗？还有吗？”每看到一个新的大面值时，都是一阵惊呼！“诸葛币”就这样诞生了，看到他们的样子，我感到了无限的生机与活力。

“诸葛币”陪伴着孩子们一路跌跌撞撞，有时欢喜有时忧，它始终履行着“奖惩分明”的重大职责。我也会打趣地问问孩子们，为什么这么喜欢“诸葛币”，它不就是一张小小的卡片吗？他们会说，“诸葛币”记录了他们的每一分努力，那是“成长的足迹”，是“童年的回忆”。于是我答应他们，在毕业时，凡是累积到了“文曲星”等级的学生，老师就赠送一整套8张“诸葛币”全新纪念版，为他们美好的小学生活画上一个圆满的句号。孩子们欢呼雀跃，满眼期待……

就这样，我和孩子们一起用实际行动创造着我们的班级文化。

（孙琳　撰写）

【校长点评】

班级文化建设是班级管理的核心和重中之重，因为一个班级的文化对每一位学生的发展起着潜移默化的影响作用。那么，怎样建设班级文化呢？孙琳老师给我们提供了一个全新的视角和路径。

本案例中，孙老师依据学校提出的“班风正、学风浓、发展好”的班级建设标准，以塑造集体凝聚力为抓手，充分倾听学生心声，尊重学生感受，引导学生积极参与班级文化建设的讨论与班级规则的制订。在这一过程中，无论是班中的小干部，还是学习上存在困难的学生，都不曾被老师忽略，并且能结合学生的兴趣使用教育手段，将孩子引导到积极、向上的氛围之中。

“诸葛币”的诞生过程，既是全班学生发挥自己的聪明才智、献计献策的过程，也是大家自我反思、自我管理和自我成长的过程。教师在行动中有指导，在指导中有信任，在信任中有激励，在激励中有引导。孙老师自始至终都在千方百计放手让学生去思考，并提出他们自己的设想与建议，这些设想和建议不但得到了充分的尊重，有的还纳入到了班级文化建设的内容之中。这样一来，学生们不但深切体验到自己的小主人地位，增强了自己的集体意识，而且这一过程也给他们留下了童年美好的记忆。

这一连串教育行为的背后，体现了孙老师的民主、平等意识，体现了她对学生的信任、理解与爱。从孙老师的教育行为中，我们看到了学校尊重教育理念的真实落地。

教育在仪式中发生

2018 年 7 月，我校迎来了首届初中生毕业典礼。该如何设计毕业典礼仪式才能给孩子们留下难以忘怀的印象，又让他们接受一次很好的教育呢？我和初中毕业班的团队老师们早早开始策划起来。有的老师说，每一个学生必须参与其中；也有的老师说，得有仪式感才行；还有的老师说，得让毕业生难忘并对全校学生有所触动；也有的说得邀请家长参加……我去征求校长的意见，校长说我们的这些想法都很好，最好把毕业典礼开发成一种特殊的活动课程，而且必须让学生一同来参与策划与设计。

听了校长的建议，我们豁然开朗了，就这样，师生一起开始研制毕业活动课程方案。“让每个人都参与，让每个人都成为主角，让每个人都在毕业典礼的舞台上闪光”成了我们策划与设计毕业活动课程的中心思想。毕业年级的老师与学生代表共同成立了毕业典礼筹备委员会，共同商讨毕业典礼的目标、内容、流程和预期效果。经过数次的讨论与修改，最终由师生一起确定了实施方案。

方案确定之后，由学生与老师分工完成各项工作。有的学生负责购买明信片，组织毕业生为全体老师写感谢卡；有的学生负责组织全体毕业生排练节目，撰写主持词。每一位学生都精心准备了毕业感言，每一位领导，每一位老师，都精心录制了祝福视频，非京籍转回老家上学的同学也纷纷发来祝福的话语与视频。

毕业典礼当天，学校从校训石开始铺设红地毯，一路设置着灯柱型的路引，喻义着光明之路。路引指向用鲜花编织而成的绚丽之门，寓意着青春的绽放与灿烂的前程。盛装出席的家长们牵着孩子的手走过红地毯，携手穿过写有“青春启航，梦想飞扬”的绚丽之门，红地毯两侧的学弟学妹和老师们为他们鼓掌祝贺。伴随着《毕业之歌》和《爱的奉献》的乐曲，家长和学生一起走到以“感恩成长，筑梦未来”为主题的毕业墙下，写下对母校的祝愿、对老师的感恩和对学弟学妹们的期待，毕业生与家长签名留影，一起步入会场。

进入会场大厅，大屏幕上播出了每一位学生面临毕业时的感言；每一位领导，每一位老师都在视频里送上祝福。孩子们在大屏幕上看到了自己，看到了朝夕相伴的同学与师长。而他们的父母，就坐在他们的身边。

典礼上的成果展示也是师生共同参与准备的，每个孩子都走上了舞台。最令人难忘的是师生共同完成的毕业诗歌朗诵。孩子们一个个自信地走到舞台中央，老师们在舞台两侧簇拥着学生，正如同三年以来，老师守护着学生，学生在感恩中成长。从开始到结束，每个人都被温暖与感动拥抱着，这是属于大家的节日！每个人都是这次典礼的参与者和亲历者，每个人都是这一庄重仪式的主角！从一张张精心制作的毕业典礼电子邀请卡，到装饰一新的校园，再到盛装出席的家长与师生，每个人的努力才成就了仪式感满满的毕业典礼现场。

成长不在于一朝一夕，需要细水长流。但是一个充满力量感的毕业典礼，却会让孩子们在那一刻清晰地看到自己成长的时间节点，感受到肩上的责任与重量。

在毕业典礼上，转回原籍上学赶回来参加典礼的同学全部上阵充当志愿者。跑上跑下搬运道具，提醒上台表演的学生们提前候场，有条不紊地完成各项工作，他们构成了毕业典礼上一道独特的风景线，也让所有在场的孩子们感受到了他们对母校深深的眷恋。

在毕业典礼上，毕业生们向学弟学妹们授校旗的环节尤为庄重，因为这是一个庄严肃穆的时刻，是爱与力量的传递，也是勇气与责任的传承！

在毕业典礼上，由校长带头，全体老师上台为学生献唱，在老师们“放心去飞，勇敢去飞”的歌声里，典礼气氛达到高潮，师生们红了眼眶，但内心充满了力量。张广利校长寄语毕业生，期待着孩子们未来成为“理想远大，热爱祖国的人”，成为“追求真理，勇于创新的人”，成为“有益于他人与社会的人”，成为“走向世界的现代中国人”……期待着孩子们能超越先辈，创造伟业，为民族复兴贡献，为母校发展争光……

毕业典礼的最后一个环节，毕业生们在师生与家长们的祝福声中，再次走上红毯路，每个人从校长手中接过毕业证书，校长大声喊着每个孩子的名字并说道："母校期待着你未来有更好的发展！希望不久的将来能够听到你的佳音，祝你飞得更高，走得更远！"每个孩子满含热泪，接过毕业证书，并自豪地与校长在刻有"尊道敬学，立己达人"的校训石前合影留念。相信这一幕将会使他们终生难忘，并镌刻于他们的记忆深处。

一个让学生具有参与感、仪式感、力量感的毕业典礼，就像一门生动且影响深远的教育课程，让他们在母校再次受到一次触动心灵的教育，这就是学校送给他们的最好的毕业礼物。

（王渤　撰写）

【校长点评】

我们坚信，生命在于运动，教育在于活动，活动在于触动，触动在于行动，行动在于坚持，坚持才会成功。教育若不能触动一个人的灵魂，不能引起人的灵魂深处激荡的话，就不能称其为真正的教育。

自建校以来，我们非常注重主题教育活动的设计，并将主题教育活动纳入到了课程建设之中。每年七月，是孩子们的毕业季。每当这一时刻，连空气里都弥漫着青春与伤感，成长与别离。对学生来说，毕业典礼的重要性不言而喻。它能让已经毕业的学长们回忆过往，让正面临毕业的学生感受成长，让尚未毕业的学弟学妹们畅想未来。因此，毕业活动课程也就成了我校送给学生最好的礼物。

一次让学生具有参与感、仪式感、力量感的毕业活动课程，不仅能给他们留下终生难忘的回忆，更能让他们感受到庄重与成长的获得感。毕业活动课程的成功之处很多，我觉得，让每一位毕业生都成为主角、让毕业生的家长一同分享喜悦是一个很好的构思，是站在学生的角度上想问题，站在家长的角度上做课程，这也是对学生和家长最好的尊重。

主要参考文献

1. ［苏］B. A. 苏霍姆林斯基. 给教师的建议［M］. 杜殿坤，编译. 北京：教育科学出版社，2000.

2. 季俊昌，蒋世民. 尊重学生的发展权——齐鲁名校长张广利的“知”与“行”［M］. 福州：福建教育出版社，2015.

3. 魏书生. 班主任工作漫谈（修订本）［M］. 北京：文化艺术出版社，2013.

4. 佐藤学. 教师的挑战［M］. 钟启泉，陈静静，译. 上海：华东师范大学出版社，2013.

5. 王春晓. 做一个聪明的教师——教师思维方式案例点评［M］. 上海：华东师范大学出版社，2008.

6. 张熙. 我们 SAP 学校实践报告 2016［M］. 北京：北京出版社，2016.

7. 张广利. 教育是明天［M］. 福州：福建教育出版社，2013.

8. 张广利. 我们怎样教育孩子［M］. 天津：天津科学技术出版社，2009.

9. 张广利. 学校教育生活的重建［M］. 桂林：广西师范大学出版社，2011.

10. 张广利. 校本课程开发的实践与思考［M］. 福州：福建教育出版社，2013.

11. 张广利. 尊重教育校本课程的建构与探索［J］. 中小学校长，2020（3）.

12. 张广利. 办学生喜欢的学校——差异教育的校本行动研究［M］. 重庆：西南师大出版社，2015.

后　记

走在尊重教育的路上

北京教科院丰台学校系丰台区南苑棚户区改造项目的配套学校，是由北京教育科学研究院和丰台区政府合作建立的一所九年一贯制公办学校。学校于2014年1月开始筹建，2014年4月正式签订合作办学协议，规划建设阳光星苑和南庭新苑两个校区，初定规模为小学、初中各24个教学班。2015年6月学校首次招收中小学起始年级学生，2015年9月7日借址（校舍尚未移交）正式开学，2016年3月15日迁入新校址——阳光星苑校区办学。

北京教育科学研究院方中雄院长提出的“学校是为孩子们办的，我们的实验校就是在北京普通的社区办不普通的学校，在普普通通的学校办不普通的教育”的办学定位，为学校发展指明了方向。学校成立之初，在北京教科院、丰台区教委领导和有关专家的指导下，为履行新时代赋予教育“立德树人”的根本任务和使命，我们认真贯彻落实党的教育方针，并紧紧围绕“培养什么样的人、如何培养人、为谁培养人和办一所什么样的学校、以什么样的理念办学、打造什么样的团队、如何带领这个团队办好这么一所新建校”等一系列问题展开了深入研讨。通过研讨，我们认为：从培养方向来说，我们培养的学生必须具有中国情怀、中国信仰，必须以振兴民族伟大复兴为己任，且放眼世界、能推进人类命运共同体的构建；从人的成长规律来说，教育就要培养人自主、自信的主体精神，激发自我发展的内在动力，让人的整个生命系统充满生机与活力，焕发出蓬勃的创造力，使每一个学生获得全面而和谐、自由而充分、独特而创造的发展。我们认为学校是孩子们的，课程是学生的。最好的教育方式和方法，就是顺应其天性，融课程于生活，以其成长和学习需要的课程开展教与学的活动。在教育的过程中，尊重每一个学生的学习方式与思维方式，珍视每一个学生的生存状态与发展姿态，给予每一个学生自主学习、个性发展的舞台、机会和时空，使他们在学校教育中与自我对话、与他人对话、与世界对话，不断完善自我，优化他我，认可群我，才能使他们自信地走向未来。与此同时，为他们提供各种认识社会、接触社会和参与实践的机会，让每一个孩子经历更多的“第一次”，并不断丰富其经历，使他们得到历练，收获成长。这不仅有助于学生能力的提升，而且有利于学生更好地完成社会化的进程。

正是基于以上思考，我们按照SWOT分析法，在师生、家长和社区等多个层面开展深入调研，对学校未来的发展进行了广泛研讨，基于“在普通社区办不普通的学校”的办学定位，我们一切从北京丰台南苑地区新建校的实际和在校学生差异较大的现状出发，瞄准指向学生关键能力的实际获得和未来的后续发展，最终研究确定了“尊重教育”的办学理念、“尊道敬学、立己达人”的校训、“培育‘尊道敬学、立己达人’阳光少年”的培养目标，力求尊重每一个孩子，激发每一个孩子的潜能，使每一个孩子成为最好的自己。

在办学的基本问题确立之后，我们先后研制并讨论通过了学校办学章程、尊重教育的价值体系、五年发展规划和学校绩效工资分配方案，并按照“依法办学、自主管理、民主监督、社会参与”的现代学校制度建设要求，建立了“三位一体”的学校内部治理结构。按照尊重教育的“尊重自己、尊重他人、尊重社会、尊重自然”四个向度设计了由“基础型课程、拓展型课程和个性化课程”构成的尊重教育课程体系，提出了以“问题导学、少教多学、自主思学、合作互学”为特征的以“学”为中心的尊重课堂改革主张，并把实施“尊重教育”作为推进课程改革的行动基点，开始了以问题为导向的尊重教育的行动研究。

在实施“尊重教育”的行动研究过程中，我们深知教育的本质是自我教育，学习的本质是自主学习，教育的最终目的是培养孩子自主发展的能力。因此，我们重点从尊重学生、尊重教师、尊重规律这三个方面入手开展工作。尊重学生，即尊重学生的主体地位，激发其自我发展的内在动力；尊重学生的差异，做到因材施教；尊重学生的学习需求，满足其学习需要；尊重学生的选择，做好因势利导；关注学生的成功体验，激发学生潜能；注重学生的实际获得，助力学生实现全面而有个性的发展。尊重教师，即尊重教师工作的自主性、创造性、复杂性和专业性，尊重教师工作方式的个体性、独立性和工作价值的迟效性和间接性，为教师的专业成长与自主发展提供支持、搭建平台。尊重规律，即尊重客观事物的发展规律和社会运行的规则，尊重教育教学的规律，尊重学生身心发展的规律，并在此基础上掌握规律的最高表现形式——各门学科知识与核心素养。

自开学以来，在尊重教育理念下，我们先后开展了尊重教育课程的整体构建、以“学”为中心的尊重课堂、社会实践课程、开放性科学实践课程、小学英语绘本教学、语文分级阅读、多元分项评价、综合素质评价、班主任专业成长、ASK 课程、尊重进阶课程、学思维课程等一系列校本项目研究。在这一研究过程中，老师们遵循国家课程标准，以科学的精神和严谨的态度开展课程整合和二度开发，切实解决课改推进中遇到的实际问题，做到边实施边总结，并不断丰富和完善尊重教育的课程体系。

在课程实施过程中，老师们以尊重、平等、呵护、关爱、帮助、指导、陪伴、肯定、鼓励和引领的形象展现在学生面前，用爱心、耐心和责任心与学生一同成长。他们重视学生不同的学习需求，尊重和满足学生多样化的学习需要，尊重学生的课程选择权，为学生提供了较为丰富的课程供给。他们尊重和凸显学生的主体地位，珍视学生的生存状态与发展姿态，尊重每位学生的学习和思维方式，关注每位学生的学习与生活心理感受，给予其自主学习和自由争鸣的时空。他们尊重学生自主学习的权利和多样化的学习方式，尊重学生间的个性差异，坚持以“学”为中心，关注每一位学生的“在学习”和“真学习”。就这样，老师们不断激发着学生学习的愿望和探究意识，使其体验收获的喜悦和成长进步的愉悦，增强每一位学生的自信，并助力其实现全面而有个性的发展。与此同时，一支由市、区、校三级 26 名骨干教师为龙头的年轻专业化教师团队也逐渐成长起来。

在激发学生兴趣、培养学生志趣和志向及未来发展关键能力的过程中，老师们撰写了许许多多尊重教育的故事、随笔和案例。老师们撰写的这些故事、随笔或案例记录着他们与学生一同成长的点点滴滴，凝聚着尊重教育校本行动研究的许多实践探索与教育智慧。需要特别指出的是，为保护学生隐私，老师们在撰写这些故事、随笔或案例时，均使用了化名。

在学校办学将近五周年之际，我们将老师们的叙事、随笔或案例研究等集中编辑，形成了这本书稿——《尊重的力量——一所学校的教育价值追求》，全书共收集了近60篇优秀篇目，并分为沟通与帮助的力量、引导与激励的力量、尊重需求与兴趣的力量、爱与等待的力量、平等与宽容的力量、发展与自信的力量等六辑。从严格意义上来说，这本书不是写出来的，而是我和我的同事们脚踏实地做出来的，是我校全体教师团队集体智慧和汗水的结晶。

在本书成稿的过程中，我与每一位教师作者就其故事或案例进行了深入探讨，并提出了一些修改意见，每一位老师也结合文稿的修改，进一步反思和总结了自己在北京教科院丰台学校不长的从教实践。同时，我和每一位教师就自身的专业发展问题也进行了一次点对点的沟通与交流，我深深感受到了教师们强烈的事业心和教书育人的使命感，感受到了他们的工作热情和工作激情，感受到了他们对每一个孩子的爱心、耐心和责任心，感受到他们直面困难、敢于挑战的工作勇气，也看到了他们践行理念，直面挑战、勇于研究和解决问题的专业思考与真实行动，看到了他们互帮互助、一起研究、共同成长的可贵精神……总之，从这支年轻的教师队伍身上，我不仅看到了学校未来发展的希望，而且也看到了未来教育改革与发展的美好前景。

2018年我校党支部承担了丰台区党建课题——《新时代中小学校党组织加强师德建设的实践研究》。这本书稿，不仅呈现了全体教师尊重教育行动研究的成果，而且也是我校党支部加强新时代师德建设实践研究，促进教师专业能力发展的一个很好例证。

在《尊重的力量——一所学校的教育价值追求》即将出版之际，我要特别感谢和我一同创建这所学校而于2018年1月调离工作岗位的崔文建书记和现在一直仍与我共事的崔彦梅副校长、王渤和李伟主任等中层以上班子成员，感谢和我一同创建这所学校的全体教职员工，正是有了他们的团结合作、奉献拼搏和研究创新，才使得我们这样一所普通社区的新建学校在不到五年的办学实践中脱颖而出，并成为一所区域优质学校。在此特别指出的是，从我校开始筹备到开学直至今天，学校的发展得到了中国教科院、教育部课程研究中心、北大、北师大、华师大等专家的专业引领，得到了北京教科院和丰台区教委各位领导与专家的大力支持与指导，北京教科院基教所张熙所长，基教研中心贾美华主任、王建平副主任，德育中心谢春风主任，班主任研究室的马金鹤主任，著名数学特级教师吴正宪老师，北京教育学院丰台分院支梅院长，丰台教科院赵学良院长等专家数次到校深入课堂指导课程改革与教育教学工作。没有诸位领导的关心与支持，没有诸位专家的专业指导，也不可能有今天学校发展的大好局面。

还要特别感谢全国知名教育学者、北京教育科学研究院院长方中雄研究员，他曾数次亲临学校指导，当听说我们出版尊重教育校本行动研究的成果——《尊重的力量——一所学校的教育价值追求》时，便欣然为本书作序。我十分敬重的老领导——全国教育知名学者、原山东省教育厅副厅长、一级巡视员、中国教育学会副会长、国家督学，现任北京师范大学教育政策咨询研究院执行院长、民进中央教育委员会主任、中国教育学会中小学德育研究分会理事长、国家教育考试指导委员会委员、教育部教师教育专家咨询委员会委员张志勇教授，在我专业发展的道路上给予我很多的指导、鼓励与帮助，他就任北师大教育政策咨询研究院执行院长后，工作千头万绪，当我邀请他为本书作序时，他欣然同意并对我表示了祝贺，这让我十分感动。此外，在书稿编辑与修改过程中，学校特聘专家邱建华校长也付出了辛勤的努力，福建教育出版社的成知辛主任为本书的出版也做了大量的工作，在此一并表示诚挚的感谢！

我们的尊重教育行动研究自起步以来，尽管在某些方面取得了一定的进展，并有力促进了师生和学校的发展，但由于队伍非常年轻，受教育教学经验和研究水平所限，书中呈现给广大读者的尊重教育故事、随笔或叙事案例可能显得有些稚嫩，甚至还可能存在这样或那样的不足，也敬请读者赐教。

2020年，一场突如其来的新冠疫情深刻影响了人类社会生活的正常运转，这场疫情对教育也带来了重大挑战，学校被迫实行“停教不停学”。一时间，各种网上学习资源一拥而上，而学生的“居家自主学习”和教师的“线上教学”也代替了正常的教育教学，“尊重自然、珍视生命、维护公共安全、构建人类命运共同体”等主题也提到前所未有的高度。这一突如其来的重大变化和人们对以上主题的深切体验和深刻认知，使家庭教育、学校教育和社会教育也面临重大考验，“自我规划”“自我管理”“自主学习”和“线上指导”“家校协同”“亲子非暴力沟通”等等都成为学校教育亟待研究解决的问题。作为教师，在适应这种变化的同时，如何提升自身素养，发挥主导作用，加强家校协同，共同面对因孩子学习与成长环境变化所带来的诸多挑战就成了我们必须面对的现实考验。在这样的大背景下，我校从“尊重自我、尊重他人、尊重社会、尊重自然”四个向度所践行的尊重教育理念就更加具有其现实意义和时代价值，也必将对孩子的未来发展产生深远的影响。

尊重教育的行动研究还在路上，我们期待着和更多的同仁一道，共同开辟尊重教育育人模式研究的美好未来，深入探索实施素质教育的有效路径，并助力更多少年儿童的健康成长，以更好地践行为党育人、为国育才的初心使命。

张广利

2020年3月27日于北京